GENIOS DEL ARTE

CALATRAVA

GENIOS ◆ DEL ◆ ARTE

CALATRAVA

susaeta

Coordinación científica:
Juan-Ramón Triadó Tur
Profesor Titular de Historia del Arte
de la Universidad de Barcelona

Textos:
Alberto T. Estévez
Doctor Arquitecto
Director de la Escuela Superior de Arquitectura
de la Universidad Internacional de Cataluña

Diseño de portada:
Paniagua & Calleja

SUMARIO

Retrato de Santiago Calatrava
2001, Valencia

En poco más de 10 años, la obra de este arquitecto ha despertado controversia y admiración, corroborada ésta con la concesión de numerosos premios y distinciones. En cualquier caso, estamos, sin duda, ante una figura clave, síntesis de las vanguardias artísticas, para el cierre de todo un siglo y el comienzo de otro.

Torre de comunicaciones de Montjuïc
1989-1992, Barcelona

Ésta fue su primera torre realizada, que le permitió conseguir otros encargos de torres de comunicaciones. Siendo este tipo de edificios uno de los más representativos de nuestros tiempos recientes, donde la comunicación de masas se ha convertido en un eje vertebrador de la sociedad.

Apuntes biográficos

Santiago Calatrava Valls nació el 28 de julio de 1951 en Benimamet. Es ésta una pequeña población sobre un alto, absorbida hoy por la periferia de la capital valenciana. Su mayor singularidad arquitectónica, propia de esta zona, pero en proceso de extinción, consiste en la existencia cada vez más escasa de cuevas, viviendas subterráneas construidas en torno a patios abiertos. Esto producía la curiosa vivencia de estar andando por encima de sus techos, que a lo largo de su infancia aún configuraba en determinados sitios un paisaje aparentemente sin casas.

Llegada la edad escolar, pasó a cursar la enseñanza primaria en Valencia, entre los años 1956 y 1961, mientras asistía a clases de dibujo (e historia del arte) en la Escuela de Artes y Oficios de Burjasot, Valencia (1959-1960).

La enseñanza secundaria y el curso preuniversitario también los realizaría en Valencia de 1961 a 1968. Y con la idea muy clara de querer salir de España cuanto antes, marcha en junio de ese mismo año a París, con la intención de matricularse en la Escuela de Bellas Artes. La encontró materialmente en ruinas e incendiada, tras el «mayo francés del 68». Sorprendido, ante la desolación de tal panorama, regresó a España y siguió con sus clases nocturnas en la Escuela de Artes y Oficios de Valencia hasta 1969, pues enseguida empezó su inmersión en los estudios de arquitectura.

De hecho, cuando arribó su hora de acceder a la universidad, Santiago Calatrava expresó su deseo de ser arquitecto, exponiendo en la temprana fecha del 20 de noviembre de 1968, y con gran clarividencia, sus cinco razones por las que quería ser arquitecto.

La arquitectura como vocación

«Por qué quiero ser arquitecto:

Los motivos por los que quiero estudiar arquitectura son los siguientes:

1. Tengo una gran afición al dibujo.
2. Siempre he sentido una gran inquietud por las cuestiones artísticas.
3. Creo que tengo aptitudes para el estudio y desempeño de esta profesión, entre ellas una gran imaginación.
4. Poseo también una gran ilusión por esta carrera y espero que con mi trabajo y constancia podré superar aquellos déficit que en mi formación y aptitudes actuales tengo.
5. Creo también que es aquí donde yo podré dar el máximo rendimiento a la sociedad, pues estoy seguro de que podré desempeñar con ilusión y cariño esta profesión.»

Santiago Calatrava

Esto consta en su bloc de croquis n.° 1, conservado en su estudio en Zurich. Entonces, de 1968 a 1973, cursó arquitectura en la Escuela Técnica Superior de Arquitectura de Valencia, y obtuvo ahí mismo el título en 1974 con un proyecto final de carrera ya realizado desde Zurich, pues de nuevo buscaba marchar de España en cuanto podía.

Desgraciadamente, por las inundaciones que Valencia ha sufrido, no queda nada de su etapa de estudiante en el archivo de la escuela, donde lamentan no haber intuido quién llegaría a ser, aunque al fin y al cabo por ahí pasan miles de alumnos.

En 1975, para poder ejercer la profesión, se colegió en el Colegio Oficial de Arquitectos de Valencia, con el número 6.692-3. Pero mientras, ese mismo año, interesándole una formación técnica más profunda, inició ingeniería civil en la ETH (Escuela Técnica Superior) de Zurich y se tituló en 1979 con el proyecto final de carrera del puente Acleta, en Disentis (Suiza).

Justo después, y hasta 1981, realizó el doctorado en ciencias técnicas en el Departamento de Arquitectura de la ETH de Zurich, con su tesis doctoral *Sobre la plegabilidad de las estructuras*, y se le contrató en esta misma institución como profesor asociado en el Instituto para Estática de Edificios y Construcción 1 y en el Instituto para Aerodinámica y Construcción Ligera 3. En sus breves años de docencia, pues enseguida querría ya dedicarse con exclusividad a la construcción, según testimonio de sus alumnos, por las clases que impartía tampoco éstos intuyeron la emblemática figura que acabaría siendo.

Por fin, el año 1981 abrió su estudio de arquitectura e ingeniería civil en Zurich. A partir de aquí, mediada la década de los ochenta, y sobre todo a lo largo de los

Estación de ferrocarril de Stadelhofen
1983-1990, Zurich

Esta construcción sería la primera de mayor calado de Santiago Calatrava y que le llevaría a publicarla por todo el mundo. En la fotografía se muestra la galería comercial subterránea bajo las vías, una obra ya protagonizada por el hormigón como su material predilecto, que le gusta reivindicar como el material más propio de la modernidad. Aquí todavía en color gris, que cambiará en cuanto pueda por hormigón blanco.

Puente del Alamillo
1987-1992, Sevilla

Vista del elemento principal, el mástil del puente, convertido en el símbolo de la Sevilla contemporánea. Una altísima lanza, disparada con orgullo a los cielos, que se eleva por encima de toda la zona, al otro lado del río Guadalquivir, junto a los espacios que alojaron la Exposición Universal de Sevilla en 1992. Ejemplo del arquitecto como constructor de cualquier cosa material (un puente), a la vez que constructor de símbolos metamateriales.

años noventa, sus proyectos, obras, exposiciones, publicaciones, premios y distinciones internacionales irían en progresivo e imparable aumento por todo el mundo. Cabe destacar, por ejemplo, el Premio de Arte de la Ciudad de Barcelona y el Premio FAD de Arquitectura (1988), la Creu de Sant Jordi de la Generalitat de Catalunya (1994) y el Premio Príncipe de Asturias (2000), como las máximos honores concedidos respectivamente en Barcelona, Cataluña y España, así como los nombramientos de Doctor Honoris Causa por numerosas universidades (por ejemplo, Valencia, Sevilla, Edimburgo, Salford, Glasgow y Delft).

Por otro lado, viendo su triple currículum académico, que incluye estudios de artista, arquitecto e ingeniero, sería inmediata por parte de la mayoría de los que escriben sobre él la abundancia de comentarios en torno a este particular, erigiéndolo en justificación de su obra. Claro que, para un primer acercamiento, vale la pena repasar qué es lo que se está diciendo de Santiago Calatrava. Se llegará a ver, entonces, hasta qué punto ha conseguido una buena valoración, un arranque espectacular de fortuna crítica: con el tiempo, se ha ido engrosando llamativamente el número de críticos, arquitectos y/o asimilados que han ido avalando la obra de Santiago Calatrava. Aunque no faltan las opiniones discrepantes, que en su caso se hacen enconadas, a favor o en contra, pero nunca indiferentes: tan sólo esto ya marca un curioso interés inicial. Valoraciones, pues, de muchos, pero jalonadas de esas críticas de las que se debe también dar noticia, para completar mejor un marco para la historia. Un acercamiento a esto se recoge al final de este libro, para ilustrar el mundo que se ha ido creando alrededor de él, que influye (se quiera o no) en su ánimo y, por tanto, en su mismo quehacer. Ahí se ve cómo, desde época muy temprana, prácticamente el primero que testimonia a su favor, lo hace ya de una manera que demuestra ese insólito apasionamiento con que se le defiende o ataca. Este es Fabio Reinhart, que declara enfáticamente su descubrimiento de Santiago Calatrava, propiciado por el trabajo conjunto que hicieron también con Bruno Reichlin para la fachada del nuevo centro de distribución Ernsting's Miniladen GmbH, en la alemana Coestfeld-Lette, en Westfalia, entre 1983 y 1985.

Es aquí donde se inicia toda la discusión fácil sobre Santiago Calatrava como «artistaingenieroarquitecto» *(sic)*. Introducido a «bombo y platillo» precisamente desde la Barcelona que le encargó construir su primer puente y su primera torre, y que le premiaría con generosidad. La misma Barcelona que luego vertería las críticas más fuertes y que acabaría detestando. Sin embargo, se podría matizar el término «artistaingenieroarquitecto», ya que el orden no sería el correcto. En todo caso, cronológicamente tomado, en el orden en que Santiago Calatrava fue realizándolo, sería más adecuado decir «artista-arquitecto-ingeniero», o con mayor precisión «escultor-arquitecto-ingeniero»; teniendo además en cuenta que en el centro debe estar «arquitecto», uniendo arte y ciencia, gozando a la vez de la cara más plástica y de la más técnica. Aunque este tipo de disquisiciones son las que se suelen repetir hasta la saciedad por parte de todo tipo de «presentadores», año tras año, a las que tampoco desde aquí se ha querido faltar; no obstante, es preferible zanjar por fin el tema, sin dejar de acudir a la autopresentación que de su persona hace Santiago Calatrava mismo: «Yo prefiero, entonces, simplemente decir que yo soy arquitecto», tal como recoge Bruno Henri Vayssiere.

En efecto, eso es, ni más ni menos, entendiendo bajo la palabra «arquitecto» todo el amplio y profundo sentido que algunos se empeñan en quitarle. Hablar de artista-arquitecto o escultor-arquitecto es tan redundante como decir arquitecto-ingeniero. Cuando aparece la necesidad de explicar a Santiago Calatrava con esas yuxtaposiciones, lo que ocurre en realidad es que se entiende entonces por arquitecto una figura parcial y empobrecida: se limita la misma arquitectura. Necesitar decir que es escultor-arquitecto es no entender que la arquitectura es un arte plástico también. De la misma manera que necesitar decir arquitecto-ingeniero es no entender que la arquitectura requiere el dominio de la técnica más precisa también.

Aeropuerto de Sondica
1990-2001, Bilbao
Vistas trasera y lateral de la torre de control

Esta torre fue realizada años antes que el edificio principal de la terminal.
Este trabajo no está exento de una posible lectura que lo acerca formalmente a los proyectos de Erich Mendelsohn, especialmente por las características de las curvas que lo conforman, con las que ambos autores buscan la expresión de la dinamicidad, como algo también propio de la modernidad.

Estación de ferrocarril del aeropuerto Saint-Exupéry
1989-1994, Satolas-Lyon
Vista interior de la cubierta del vestíbulo principal

Esta espectacular cubierta de acero y vidrio busca acelerarse para lograr un salto veloz por encima de las vías que quedan por debajo, según una idea vista previamente en la estación de ferrocarril de Stadelhofen, en Zurich: salvar transversalmente, por tanto con el recorrido más corto, con un gesto rápido, el obstáculo preexistente del tendido del ferrocarril, que en este caso se trata del tren de alta velocidad a su paso junto al aeropuerto.

Ciutat de les Arts i de les Ciències
1991-2001, Valencia
Hemisférico cerrado y abierto

Estas imágenes provienen merced a una actitud propia de Santiago Calatrava, de proponer una arquitectura cinética, con partes en movimiento que a veces suele concentrar en el cerramiento de los accesos. Éstos, por sus necesidades naturales e indiscutibles de seguridad, le permiten convocar suficientes razones para que ese dinamismo sea aceptado y financiado. Por otra parte, también suele aprovechar esas circunstancias para convertir las aperturas en un acontecimiento plástico, normalmente ligado a un despliegue de geometría reglada alabeada, justamente la que fuera introducida por Antoni Gaudí en la arquitectura.

Y todo ello fusionado con coherencia. Simplemente, como no es nada habitual encontrarse con arquitectos que lo sean en toda su auténtica globalidad, cuando aparece uno, se produce una convulsión para poder presentarlo. Así pues, decir sólo «arquitecto» debe ser siempre suficiente. En el resto de los casos habría que añadir que, en su quehacer, a uno le falta más emoción y arte, y quizás al otro le falta un mayor trabajo con la razón y la ciencia. Lo demás ha sido una formación que refuerza su única perspectiva, la del que es arquitecto auténtico, o sea creador de complejos plásticos, espaciales y estructurales, en conjunto.

Claro que el mismo Santiago Calatrava, a veces, en distintas entrevistas, irá dando pinceladas diversas y sueltas de lo que él es, pero esto se debe a que casi se le fuerza a verse «a pedazos», por los puntos de vista que ofrecen los distintos entrevistadores y articulistas. Sin embargo, la realidad última es única y se conoce por sus obras, siempre de inconmovible unitariedad: es el «hombre entero», que comenta Arnold Rivkin al decir: «Calatrava aporta en sus obras, no tanto la respuesta del ingeniero, sino lo que Le Corbusier llama la "solución entera"», tal como aparece en *Conversaciones con Santiago Calatrava*, citando a Le Corbusier, cuando dice que «allí donde el ingeniero grita ¡alto!, por razones de apuro o de economía inmediata, el arquitecto tomará el relevo y, gracias a una atención mantenida más largo tiempo, encontrará, propondrá e impondrá la solución entera.»

Ahora bien, más allá de todo esto, está la persona misma de Santiago Calatrava, del cual vale la pena incluir aquí aunque sean unas pocas líneas. Primero, la impresión física: alta estatura y fuerte estructura, elegante, aunque de pose improvisada, actitud abierta, rostro juvenil, generosa sonrisa, acentuada por ojos inquietos, y siempre coronado por oscura cabellera de voluminosa apariencia. Algo que queda como subrayado por su carácter afable. Afabilidad que nunca es postiza y afectada, sino que le viene muy de dentro; tan arraigada la tiene, que una de las cosas más llamativas, teniendo en cuenta que al fin y al cabo se trata de un arquitecto, es observar que no despotrica del resto de los arquitectos y/o ingenieros. A lo sumo le sale una matizada expresión de dolor, de lo mal que se lo han hecho pasar los que, en general, no han querido comprenderle ni tolerarle. Sin embargo, tampoco cae en la tentación del victimismo, cuando no le faltan razones para ello.

Y dentro de esta plasmación de su noble carácter, a su natural delicadeza no deja de sumársele su modestia, su recatada simpatía y su paciencia, sobre todo con la fogosidad de los siempre algo inconscientes jóvenes que le buscan. En cuanto a las cualidades más directamente relacionadas con su profesión, por el alto grado que tienen todas ellas, no pasan inadvertidas su sutil inteligencia, su calmada sensibilidad y su romántica creatividad; esto, junto a la laboriosidad y la tenacidad necesarias en toda persona que quiera llegar a ver hechas realidad unas ideas fuera de lo común. No obstante, por el «aire» con que se le ve, y sobre todo por su aún sobreviviente ingenuidad, tiene más pinta de sabio despistado que de extravagante artista, arquetipo que nuevamente le hace más cercano y simpático. Estas descripciones se desglosan no sólo del trato personal y directo con Santiago Calatrava del que suscribe, sino también de haberse contrastado con otras personas que han estado con él, alumnos de la escuela de Zurich cuando daba clases ahí, colaboradores en sus diversos estudios, gente que le ha conocido, etc.; además, se ha realizado un estudio grafológico de su escritura y firma, para corroborar lo aquí expuesto. Naturalmente, toda hipótesis grafológica es indemostrable, puesto que la grafología no es una ciencia exacta; sin embargo, precisamente en alguien que su vida gira tanto en torno al dibujo, la importancia de tales estudios es mucho mayor.

La creación de su propio mundo

Otras cosas graciosas también pueden ocurrirles a los que teclean su nombre y apellido en las pantallas de ordenador de las bibliotecas en busca de libros: *Crónica de las tres órdenes de* ***Santiago, Calatrava,*** *y Alcántara* (escrito por Francisco de Rades y Andrada y publicado en Barcelona en 1980), y no es uno sólo el que ostenta ese o parecido título sobre las órdenes militares. Son resonancias del medievo que no dejarán de estar presentes en alguien que, imaginativo y despierto, se sabe su portador. Campeará entonces la cruz de Calatrava grabada en las tarjetas de su estudio. Y numerosos serán los dibujos de caballeros y soldados (guerreros griegos, sobre todo), ya desde sus proyectos de estudiante o en sus copiosos blocs de croquis. Por ejemplo, en uno de esos primerísimos proyectos aparece un hombrecillo que viendo un enorme edificio con apariencia de fortaleza (diseñado así por él mismo) piensa en caballeros, damas a rescatar y dragones con los que luchar. También, dando la escala humana en los planos de sus proyectos, dibuja con frecuencia hombrecillos con lanzas, casi como los que se mueven entre las ruinas y espacios del mismo Giovanni Battista Piranesi (arquitecto veneciano, nacido en Mogliano en 1720 y muerto en Roma en 1778). Y no por casualidad, pues su espíritu y fantásticas visiones están en la misma línea de lo que Santiago Calatrava consigue construir. Él, sin embargo, pasa a la historia sobre todo por la sublimidad de sus grabados. Y no es gratuito lo de «sublimidad», pues en ellos se halla el primer chispazo de la plástica romántica, especialmente en sus famosas *Carceri*, visiones atemporales de espacios de fuerte emocionabilidad.

Dibujo
1968-1973

Este dibujo corresponde a la época en que Santiago Calatrava era todavía estudiante y cursaba su carrera en la Escuela Técnica Superior de Arquitectura de Valencia. Pertenece a un proyecto para un hospital, interpretado con humor como un castillo, con una A.T.S. que se asoma al exterior vestida como la princesa encerrada que un caballero andante debe rescatar de las fauces ígneas del correspondiente dragón. En el resto de los dibujos de este proyecto de juventud, conservados en su archivo personal, se puede reconstruir un edificio bastante hermético y casi como almenado en su coronación, a la vez que sugiere con fuerza cierta influencia de la contundente arquitectura de Louis I. Kahn.

Poco a poco, ha ido diseñando su propia vida, hasta cotas de inusitada perfección. Así, en la línea fantasiosa de lo comentado, aparece escrito en latín a la manera en que firmaban los antiguos arquitectos y constructores, en su bloc de croquis n.° 5, datado el 7-12-1979, *Jacopus Calatravae et Vallis - Hispano faciebit*. Pues, siendo él hispano, con todas las connotaciones que en España tiene, ¿no es acaso sueca su mujer Robertina (por ascendencia materna)? Conocida con motivo de ir a estudiar ingeniería a Zurich, llegó a asesorar y proyectar la casa Marangoni para sus suegros, como primer proyecto profesional de su vida. Aunque lo más extraordinario es que a sus tres hijos varones les haya puesto sucesivamente el nombre de los tres arcángeles: Micael, Gabriel y Rafael. Sólo entonces nacería la pequeña Ana Sofía, con el nombre griego de la sabiduría, como a él mismo le gusta explicar. Caballeros medievales, damas, ángeles, constituyendo virtuales círculos protectores sagrados. Luego no es de extrañar que todo ello se plasme en su obra, y más cuando se potencia desde una rica imaginación.

Viajes y referentes

También resulta especialmente ilustrativo saber, a través de los viajes de Santiago Calatrava qué obras y qué arquitectos le interesan de manera más notable. Así, el que le atraiga la obra de Le Corbusier (el arquitecto más importante en la fundación del Movimiento Moderno y que nació en 1887 en La Chaux-de-Fonds-Neuchâtel, Suiza, y murió en 1965 en Cap Martin, Francia), que se centra en el trabajo plástico y en concreto (como pionero) del hormigón visto, hace caer en la cuenta de que eso es algo que Calatrava también procura.

Estación de Oriente
1993-1998, Lisboa

En la zona de la estación correspondiente a las paradas de autobuses, éstas quedan al aire libre bajo unos pronunciadísimos voladizos de acero pintado en blanco y vidrio. Sus líneas no hacen más que imprimirle una percepción de mayor dinamismo, de mayor velocidad.
Por medio de unas suaves curvas que se acoplan a su vez a la bóveda acristalada del paso central superior. Esta galería elevada organiza perpendicularmente a lado y lado los andenes de los autobuses, que quedan entonces en paralelo con los andenes de los trenes.

De igual forma, sobre otros autores cuya obra visita, es relativamente fácil encontrar similitudes en su obra y citas en sus conversaciones. Incluso resulta revelador a qué nombres se refiere, pues se descubren detrás intereses comunes. Por ejemplo, Santiago Calatrava habla de Carlo Mollino (arquitecto turinés, 1905-1978), y éste, a su vez, admiraba a Antoni Gaudí, arquitecto catalán, que nació en Riudoms-Reus (Tarragona) el año 1852 y murió en Barcelona en 1926. Incluso diseñó una silla a la que llamó «Gaudí», el año 1949 (es inmediato imaginarse que formas presenta). Referencia, pues, compartida por ambos, que si Antoni Gaudí abre para todo el mundo el siglo XX con el concepto de arquitectura moderna más completo y global, Santiago Calatrava será el que lo cierre.

Mientras, confiesa a Arnold Rivkin en *Conversaciones con Santiago Calatrava*, lo siguiente: «He pasado mis primeros veinte años en esta ciudad (Valencia), pero desde los trece salía con cierta frecuencia al extranjero por períodos de varios meses.» Y sigue relatando en *Santiago Calatrava. Currículum. Disertaciones*: «Me iba después del último examen, allá por el 28 de junio, y volvía en noviembre, justo antes de comenzar los estudios. Eran viajes muy informales. Por los medios más inverosímiles. Con presupuestos mínimos... Viajes de mochila, de saco de dormir y bocadillos... Todo esto es quizá la característica más significativa de mi formación como arquitecto... (...) fui a ver casi todo lo que se puede visitar de la obra de Le Corbusier en Europa, los estudios de Alvar Aalto, Gio Ponti, Hans Scharoun.» Es significativo que mencione precisamente a estos tres: Alvar Aalto, arquitecto finlandés (Kuortane, 1898 - Helsinki, 1976), Gio Ponti, arquitecto italiano (Milán, 1891 - 1979), Hans Scharoun, arquitecto alemán (Bremen, 1893 - Berlín, 1972), todos de la misma generación y con preocupaciones similares, reivindicados como maestros por él.

Casualmente, otra vez (¿o es una nueva jugada de una vida que parece seguir un providencial diseño - ciclo cerrado?), habría que añadir que su último «viaje»

Aeropuerto de Sondica
1990-2001, Bilbao
Edificio principal de la terminal

En esta vista general del edificio se muestra como pájaro en despegue, saltando por encima de las pistas. Esta necesidad de expresar un salto sobre las líneas perpendiculares que aparecen delante de sus edificios, sean pistas de aviones o vías de trenes, aparece repetidas veces en muchos de sus proyectos, como en Zurich y Lyon. Y esa voluntad no deja de proceder del mismo gesto también perpendicular de salvar un río mediante un puente, que busca la economía de la distancia más corta que permita atravesarlo, algo ya tan ensayado por Santiago Calatrava que ha acabado por decantarse en sus niveles más subliminales.

a una obra de Le Corbusier, ¡suizo de nacimiento!, es el más reciente. Esto es, trasladar su antiguo estudio a una gran casa que ha reformado (también en Zurich) en la Höschgasse, n.° 5: una tranquila calle que lleva directamente al lago (Zürichsee). Ahí, a muy pocos metros de esas frías aguas llenas de patos y cisnes, junto al parque del lago, todo rodeado de vegetación, se encuentra, puerta frente a puerta, con la «Casa del Hombre» de Le Corbusier, erigida el año 1963 como Centro Le Corbusier, tan sólo a dos años de su muerte. Pues bien, es ahí donde tiene su vivienda-estudio principal, con un par de sucursales en París y Valencia. Ésta de Zurich aparece rodeada por un extenso jardín donde han ido recalando algunas de sus esculturas. En el piso inferior se distribuyen las salas de recepción, reunión y secretaría. El amplio altillo aloja los puestos de trabajo. Y el nivel intermedio se reserva para las habitaciones personales de su familia.

Aeropuerto de Sondica
1990-2001, Bilbao
Interior de la cubierta del edificio principal

Espectacular despliegue en abanico de las jácenas metálicas que soportan el casquete exterior. Por las estrategias de proyecto utilizadas normalmente por Santiago Calatrava, el tipo de imágenes recurrentes en su obra, es habitual que sus edificios se configuren con ejes de simetría. En cambio, las entradas de luz se producen «de manera natural», por los espacios libres que quedan entre los elementos estructurales: es decir, sin abrir ventanas, entendidas estas en el sentido tradicional.

Los inicios: Zurich, Barcelona y Valencia

Baste simplemente recordar aquello que Somerset dijo, que «sólo una persona mediocre está siempre en su mejor momento», y que confirma qué tipo de persona tenemos delante, al encontrarnos con Santiago Calatrava: Alguien capaz de subir a las más altas cumbres de la belleza, con proyectos no realizados, como la torre de Collserola del año 1988 para la Barcelona olímpica, o de hacer trabajos realmente feos (al menos desde determinados puntos de vista), como la torre del aeropuerto de Sondica del año 1993 para el nuevo Bilbao. De ahí la «inevitabilidad» de Santiago Calatrava glosada por Félix Candela, que llega en el momento preciso para dejarnos respirar aire fresco en el hermético encierro de referencias a que nos tiene sometidos la academia moderna.

Estación de ferrocarril de Stadelhofen
1983-1990, Zurich
Andén

En esta vista general del andén se aprecia que éste describe una amplia curva debida a la topografía del lugar, adosándose a una ladera que Santiago Calatrava aprovecha para dar una nueva lectura a esta zona, con galerías subterráneas, paseos con pérgolas, cuevas excavadas. Mientras, irá dotando a cada elemento estructural de una expresividad que no abandonará ya nunca más en su obra. Una expresividad ligada a la inmanencia de quien busca reflotar a la superficie las descripciones del transcurso de las fuerzas de descarga. Esto sin prescindir de una segunda lectura más figurativa.

Desde su llegada a Zurich en 1973, con unos inicios que le hicieron pasar por algunos proyectos de menor calado, iba experimentando mientras con diversos estudios estático-constructivos, que ya apuntaban en germen las intenciones que presidirían toda su obra posterior.

Justo diez años más tarde, en 1983, acabó realizando otros proyectos intermedios, tampoco muy importantes en sí mismos, pero que se publicarían. Esto, unido a la creación hacia 1984-1985 de una serie de esculturas de abstracción geométrica pura muy interesantes (en esa línea de expresión de la estática al límite de pasar a ser dinámica), le facilitó el empezar a hacerse un lugar en la profesión. Esas primeras obras de tamaño medio que ya publicó son la nave industrial de acero Jakem, en la suiza Münchwilen, Argau (1983-1984), la fachada del nuevo centro de distribución Ernsting's Miniladen GmbH, en la alemana Coesfeld-Lette, Westfalia (1983-1985), la marquesina para el edificio de correos PTT, en la suiza Lucerna (1983-1985), y el pórtico y la cobertura del vestíbulo de la estación de la misma Lucerna (1983-1989). Ahora bien, el pistoletazo definitivo de despegue profesional fue la construcción de la estación de ferrocarril de Stadelhofen.

Estación de ferrocarril de Stadelhofen, Zurich, 1983-1990

Realizada con Arnold Amsler y Werner Rügger, tras ganar el correspondiente concurso, como primera obra más completa e importante que consiguió construir, se abrió por fin de una manera más definitiva el campo profesional para Santiago Calatrava.

Con una longitud de 270 m, su emplazamiento se ve determinado por encontrarse pegada a una pronunciada ladera, ajardinada en gran parte. A la vez, es tam-

Estación de ferrocarril de Stadelhofen
1983-1990, Zurich
Reja abierta de acceso a la galería comercial bajo los andenes

Se configura como un elemento cinético, que crea una arquitectura con movimiento, a la vez que quiere expresar el momento de despegue hacia el vuelo. Fijada esta puerta a un eje giratorio horizontal, mediante el correspondiente mecanismo se abre y cierra así el acceso, mediante una solución no convencional y plástica. Incluso la aparición de los remaches vistos participan para enfatizar su movimiento.

bién una línea de ruptura entre un tejido urbano totalmente consolidado y otro más disuelto. Así, el problema principal a resolver es más la sutura entre zonas que no la estación en sí misma, y esto complicado por la difícil topografía del terreno. Entonces, la estrategia seguida para la unificación de ambas partes se concentró en la construcción de una sección compleja, en altura, que facilita el tránsito entre ellas.

Para resolverlo, uno de los temas en los que Santiago Calatrava se fijó, acopiando para ello documentación en su estudio, fue cómo Antoni Gaudí trabajó las secciones del Parque Güell, en las laderas de la montaña Pelada barcelonesa, con todo su despliegue de caminos en voladizo, viaductos, pasos con columnas pétreas inclinadas, que buscan contraponerse a la dirección de la descarga de esfuerzos del terreno.

Con esta referencia de fondo, es la primera vez que construye columnas inclinadas, en un proyecto aún de juventud, en general algo heterogéneo, sobre todo viendo los dos extremos de la actuación, todavía sin la unidad compositiva que lograría en posteriores ocasiones.

Así pues, el conjunto dispondría en la parte más alta, en voladizo, de un paseo de pérgolas realizadas con afilados elementos metálicos y cables para emparrados; debajo, los andenes con sus correspondientes marquesinas, que ya expresan su funcionamiento estructural, y en el subterráneo, un centro comercial, cuya estructura orgánica evoca, por primera vez también en su obra, la tráquea de algún dinosaurio perdido, aunque no era ésta la pretensión. Para iluminarlo con luz natural, realizó un especial despliegue de claraboyas longitudinales, que forman parte del suelo de los andenes.

Finalmente, se lanzan cuatro pasarelas para conectar el nivel superior con la red viaria existente.

Puente de Bach de Roda / Felipe II, Barcelona, 1984-1987

El interés de la obra incipiente de Santiago Calatrava propició que, por fin, se le encargase la construcción de su primer puente. De 140 m de luz, fue diseñado para conectar una calle del plan Cerdá, interrumpida hasta entonces por las vías del ferrocarril. Pensando en conseguir una imagen más brillante para su implantación urbana, se proyectó todo en color blanco (exceptuando, para un mejor mantenimiento y funcionalidad, los pasamanos tubulares de acero inoxidable brillante).

A su vez, debía convertirse también en un punto de referencia de la ciudad que, con su singular implantación, revalorizase toda la zona, que sufría cierta degradación y falta de carácter. De hecho, con ese objetivo, se proyectó además un parque como en continuidad, aunque quedase separado a ambos lados de las vías del tren.

Sería el mismo puente el que desarrollase diversas estrategias para hacer efectiva esa continuidad entre las dos partes, que acaban enfatizando su condición de elemento de conexión. De la línea de la calzada hacia abajo, hormigón blanco, aerodinamizado en sus formas y juntas horizontales. Por encima, para reforzar una idea de ligereza, tan sólo acero pintado en blanco. Ahí, dos dobles arcos gemelos metálicos son los que se convierten en protagonistas de la acción, con un espectacular despliegue de tensores. Saltan sobre las vías juntándose hacia arriba y separándose hacia el suelo. Con ello permiten el paso de la circulación peatonal a través de la estructura.

Cuatro escaleras descienden, siguiendo la línea de los arcos, hacia el parque. La calzada para los vehículos y las aceras peatonales quedan segregadas y suspendidas por cuatro series de cables dobles (dos por arco), que convierten las aceras en recintos como cerrados y conforman un espacio urbano en su interior para disfrute del peatón.

Puente de Bach de Roda / Felipe II
1984-1987, Barcelona

Los tensores por encima de la calzada, sujetos al par de dobles arcos parabólicos, crean un espacio ligero y transparente, acentuado por su acabado blanquecino. Este tipo de espacios que abren su existencia entre los elementos estructurales de los puentes de Santiago Calatrava ya serán una constante en su obra a partir de este primer puente construido en su carrera. Obra que inauguró su retorno profesional a España. Un regreso que, por otra parte, fue triunfal, pues por este puente fue premiado enseguida.

Puente de Bach de Roda / Felipe II
1984-1987, Barcelona

En esta vista general del puente desde el nivel inferior se observa la leve curva principal del tablero que determina la «línea de tierra». Bajo ella se despliega el hormigón armado en despieces horizontales, formas aerodinamizantes y geometría reglada alabeada. Sobre ella sólo se permite que se eleven trazos contundentes de acero pintado en blanco. Unas escaleras intermedias garantizan mayor conectividad peatonal entre las dos zonas ajardinadas divididas por las vías del ferrocarril bajo el puente.

La iluminación de la calzada se sitúa en el centro del puente, mientras que las aceras se iluminan mediante líneas de luz fluorescente integradas en las barandillas.

Incluso se diseñan «los bajos» del puente, su parte inferior, con formas alabeadas de hormigón y un encofrado especialmente cuidado, que fue de listones de madera. Esto explica la importancia también de las visiones desde abajo, en una obra que debe ser coherente desde todos los puntos de vista.

Puente del 9 de Octubre, Valencia, 1986-1988

Llevaba ya una década de arquitecto en Suiza, con todo su trabajo realizado exclusivamente en Centroeuropa, cuando el puente de Barcelona le permitió inaugurar su obra más allá de los Alpes, y en concreto en España. Pero sería este nuevo puente el que, a su vez, inaugurase su obra en su ciudad natal.

De 144 m de luz, une las dos orillas del viejo cauce del Turia, que después de su desviación permite que se recupere como zona lúdica, como parque lineal, para los ciudadanos. En total, el puente tiene una anchura superior a 50 m, puesto que se separa en dos calzadas (de ida y vuelta) mediante un espacio central vacío. Por consiguiente, se trata de una duplicación del puente. Así pues, consta de dos partes idénticas, cada una de las cuales está formada por una acera para peatones y tres carriles de circulación para vehículos.

Se produce entonces una nueva segregación, más drástica que en el puente de Bach de Roda / Felipe II, entre el tráfico rodado y el peatonal, siendo precisamente este hecho el que consigue todo el interés de la sección transversal del puente. Ésta presenta dos apoyos, separados 8 m, mientras que en la sección longitudinal la separación entre cada línea de apoyos es ligeramente superior a 7 m.

Puente del 9 de Octubre
1986-1988, Valencia

Santiago Calatrava realiza aquí un intenso trabajo plástico con el hormigón armado, de manera similar al realizado en los bajos de otros puentes suyos, como el mismo de Barcelona o el de Ondárroa. Se trata de formas que siguen la geometría reglada alabeada, puesto que al generarse desde un encofrado de tablas de madera se configuran entonces a partir de una recta que se desplaza por el espacio siguiendo una línea curva. Por encima, la escultura en trazos abstractos de un pájaro alzando el vuelo.

Claro que su aparición en el contexto urbano es totalmente diferente al anterior, sin buscar ser un hito, de absoluta discreción, pues todo discurre por debajo de la calzada.

En los extremos del puente, sí que volverá a desplegar similares formas alabeadas de hormigón, esta vez grisáceo, pues tampoco necesita ser blanco y brillante; que, precisamente por ser un puente que se entrega al terreno en sus puntas, no desvelará su trabajada sección. Así, ésta sólo puede intuirse paseando por debajo, viendo las formas curvas fluidas y continuas de los distintos tableros del puente; en voladizo los peatonales, mientras que los que son para el tránsito de automóviles quedan apoyados en pilares diferenciados, unos curvos inclinados de hormigón y otros verticales metálicos más esbeltos. Éstos adoptan una sección cruciforme y de mayor grosor en el centro, como expresión de la resistencia a las fuerzas de pandeo, como ya introdujo en la estación de Stadelhofen; con ello vuelve a expresar así el recorrido y valor de las descargas que actúan en el conjunto.

Banco Exterior, Zurich, 1987

Una modesta intervención, pero concentrada, en esta sucursal del Banco Exterior en Zurich, llena de movimiento por dentro y su reflejo en la marquesina.

Se recoge su nombre en portada, con letras metálicas flotando sobre un subrayado afilado. Y éste se encuentra dispuesto como «elemento-bandera» simbólico, a modo de pequeño acento formal que empieza a situar estratégicamente en sus proyectos.

Lo mismo que en el anterior puente, lleva unas esculturas con forma de pájaro abstracto brancusiniano a lado y lado de la entrada, o de casquete metálico, como uñas o cejas, forma ya ensayada en la escultura *Pájaro* de 1986; o lo que en el diseño de una señalización de tráfico para Barcelona son unos elementos afilados, aerodinamizadores, como pequeños pájaros (abstractos también) posados en la parte más alta.

Ahora bien, lo más interesante son los efectos de luz, brillo y transparencias que se alcanzan con el despliegue de unas lamas superpuestas entre sí, de vidrio traslúcido, siguiendo formas alabeadas. Fijadas desde un perfil vertical lateral y otro perfil curvo escalonado en el medio, a modo de «columna vertebral». La evocación de esta pieza anatómica concreta (de nuevo, sin pretenderlo en un principio, pero aceptando de buen grado esa lectura) viene propiciada de manera inmediata por las angulaciones que el mismo escalonamiento provoca, enfatizado por la posición central en la que se encuentra.

Vidrio y acero brillante inoxidable son los únicos materiales. Todo expresando dinámicamente el mismo hecho de abrirse el hueco de la fachada hasta un trián-

Banco Exterior
1987, Zurich

Marquesina de acero inoxidable brillante y vidrio traslúcido con «letrero-bandera». De nuevo nos encontramos frente a una forma reglada alabeada, como las introducidas en la historia de la arquitectura moderna por Antoni Gaudí. Líneas que en realidad son rectas, en este caso láminas planas de vidrio traslúcido que se van ajustando desde el marco rectangular de la puerta a una espina dorsal que desde sus escalonamientos acaba describiendo una curva. Luego, las letras flotantes completan el conjunto.

Banco Exterior
1987, Zurich
Vista inferior del perfil quebrado central de la puerta

El tratamiento de la luz es uno de los ejes vertebradores de la obra de Santiago Calatrava y no menos aparente que sus intereses de expresión o sus contenidos simbólico-figurativos. Un papel fundamental en esto es el uso del vidrio, que por su condición traslúcida (elegida así por él) enfatiza la percepción de los espacios como contenedores de luz. Algo que si se realizase con vidrio transparente no ocurriría.

gulo equilátero inclinado, a través del cual se recoge el paso al interior. De manera similar (pero esta vez estática) a los movimientos que se producían en la apertura de las puertas del centro de distribución de Ernsting's Miniladen GmbH, o de su escultura cinética *Ojo parpadeante*, de 1985.

Temas de paraboloides, ya experimentados desde sus estudios estático-constructivos, los hace realidad en las mencionadas puertas y escultura, pero también en la parada de autobús St. Fiden (St. Gallen, 1983-1985), en las cubiertas para la escuela cantonal de Wohlen (Aargau, 1983-1988) y en los mismos tensores del puente barcelonés.

La Expo de Sevilla y la Barcelona Olímpica

Los diversos acontecimientos internacionales que se celebraron en España en el transcurso del año 1992, con ocasión del quinto centenario del descubrimiento de América, y la celebración de los Juegos Olímpicos, ofrecieron a Santiago Calatrava la posibilidad de que pudiera demostrar, precisamente en su país, su considerable valía como arquitecto, con unas obras que lo consolidarían como personaje singular.

Puente del Alamillo
1987-1992, Sevilla
Vista general del mástil

Este mástil se eleva a más de 100 m de altura, en diagonal, para manifestar mejor su voluntad de marcar un movimiento ascendente. Esto se percibiría menos si, por ejemplo, fuese vertical, en vez de inclinado como es el caso. Y de nuevo se produce un contraste entre el hormigón armado blanco y el acero también blanco. En su duplicación de tensores, crea de nuevo un espacio que esta vez sólo pueden percibirlo los peatones que circulan por el centro del puente.

Puente del Alamillo
1987-1992, Sevilla
Vista lateral

Esta zona lateral corresponde a la parte que no queda suspendida por los cables, sino apoyada sobre pilares aerodinamizantes. Como suele ser también habitual en los puentes de Santiago Calatrava, se observa bien la separación entre el paso peatonal y el paso rodado, que para conseguirlo en esta obra llega hasta situarlos en niveles distintos, ofreciendo al paseante unas perspectivas especiales desde la altura de un primer piso y desde las aberturas circulares centrales.

Puente del Alamillo y viaducto de la Cartuja, Sevilla, 1987-1992

Con un puente ya construido y premiado en Barcelona (que se empezaba a publicar por todo el mundo junto al resto de sus primeras obras) y otro en construcción en Valencia, una tercera capital española, Sevilla, no quiso ser menos, permitiéndole a su vez la construcción de su tercer puente, con motivo de los preparativos para la Expo'92, como Barcelona lo había hecho ya para sus olimpiadas del mismo año. En este caso se trata de un viaducto, situado fuera del núcleo urbano consolidado.

Tiene una longitud aproximada de 4.300 m y está dividido en varias secciones: longitudinalmente hablando, calzada - puente - calzada, y puente con la máxima luz. Todo este conjunto se ubica en un extremo del recinto de la Exposición Universal del año 1992, lo que ya de entrada le proporciona un carácter especial, con una predisposición a convertirse en un símbolo de la Sevilla contemporánea, simplemente por haber sido realizado coincidiendo en el mismo espacio y tiempo que la mencionada Expo'92.

Ahora bien, lo que acabó confirmándolo como ese pretendido símbolo es la forma singular del gran mástil inclinado, protagonista de la operación. Éste recoge a lo largo de todo su desarrollo los cables tensores del tablero del puente principal, con una luz de 250 m y una altura de 162 m. Fue concebido precisamente como hito, para marcar uno de los límites de los terrenos de la Expo, y los sevillanos lo han hecho suyo, en el momento en que lo bautizaron con un nombre popular para el habla coloquial (cipote), como los barceloneses hicieron en su momento con «la Pedrera» (casa Milà) y «la casa de los huesos» (casa Batlló) de Antoni Gaudí.

En su diseño, de nuevo, se prestó especial atención al tráfico peatonal, con la provisión de un paso de 4,5 m de anchura, elevado 1,5 m sobre la carretera, e inmerso en la zona del viaducto 3,5 m por debajo de la calzada situada a ambos lados del puente. Luego, viendo los croquis previos, se puede constatar el rico mundo de referencias cruzadas que usó para el proyecto: la relación entre la frente y las astas de un toro, la estructura inclinada de las alas de un ave, su escultura *Torso corriendo* junto a sus variaciones, el entendimiento de cómo una columna vertebral humana inclinada resiste el peso de todo el cuerpo, etc.

Puente de Lusitania, Mérida, 1988-1991

Este caso es de una tipología más convencional, pero todavía no utilizada por él, un simple arco principal central. Aunque se trata de uno de grandes dimensiones, que precisamente fue elegido por su geometría más acorde con los arcos de piedra semicirculares del vecino puente romano. De ahí que también se escogiera construirlo pétreo, en hormigón, incluso una buena parte del arranque del arco. Sólo el tramo central de ese arco pasó a ser metálico y, por tanto, más ligero. De él penden los cables de acero inoxidable brillante. El resto se buscó hacerlo todo blanco de nuevo, como el de Barcelona y Sevilla, pues se trataba de dotarlo de la máxima luminosidad, para alcanzar la condición asimismo de símbolo contemporáneo de esta ciudad milenaria.

Esta vez, el paso peatonal se sitúa centrado, también disgregado del tráfico rodado, pero entre la calzada de ida a un lado y la de vuelta al otro. Además, se le volvió a colocar algo más elevado, para que el paso de los coches no impida la vista del paisaje, e incluso la visión de éstos haga más interesante la experiencia. Esto se enfatiza al haber creado un espacio con la separación de los tensores, como en los puentes de Barcelona y Sevilla, al que sólo los peatones entran a través de (en este caso) unos macizos y profundos túneles-portales, semicirculares también, horadados en aquellas partes de arranque en hormigón del arco central.

Mientras, las calzadas laterales quedan en un pronunciado voladizo (a modo de astas de toro, como él mismo consigna en los croquis preparatorios), rematado todo por el característico diseño aerodinamizado de las barandillas, que Santiago

Puente de Lusitania
1988-1991, Mérida

Cuando los contundentes dobles pilares redondeados llegan al centro del lecho del río, para asegurar una mayor separación entre ellos, aparece un arco central que tiene un arranque de hormigón armado. Esto permite dejar apuntada de nuevo una forma inclinada, un inicio de movimiento de despegue del suelo. Se concluye tendiendo una viga metálica curva en celosía, de sección triangular, de la que cuelgan los cables para soportar el tablero central.

Puente de Lusitania
1988-1991, Mérida
Interior bajo el arco central

Este espacio se muestra con puerta para paso peatonal interior. Una puerta-túnel que en homenaje a los orígenes romanos de la ciudad es semicircular en alzado, aunque se deforme luego en su operación de horadar la parte de hormigón armado. Y el tráfico no rodado vuelve a separarse claramente de los vehículos, colocándolo incluso en una posición más privilegiada, elevada sobre las dos calzadas laterales.

Calatrava utiliza en todas sus obras desde que lo definió en el puente de Bach de Roda / Felipe II.

Como siempre, también se integra la iluminación, pensada desde el principio con el conjunto de la obra, nunca superpuesta o añadida al final del proceso de proyecto. La visión nocturna de sus trabajos tiene el mismo grado de intención plástica que la diurna, y en este sentido recupera la concepción arquitectónica día-noche que tenía precisamente también Erich Mendelsohn, preocupado por ofrecer siempre la visión de sus edificios tanto con luz natural como artificial. Con ello se reconoce la importancia de la luz eléctrica, como hallazgo de modernidad.

Puente de La Devesa, Ripoll, 1989-1991

Ya se ve que no sólo las grandes urbes están interesadas en modernizar su imagen. Incluso municipios menores, como Ripoll mismo, han conseguido encargar y realizar una obra de Santiago Calatrava, ya en un efecto multiplicador mimético entre ciudades por toda España.

Y a los ya vistos se sumarán puentes para Lleida (1984), Pontevedra (1987), Córdoba (1989), otros dos para Barcelona (1989 y 1997), Alcoy (1992), Valencia (1992), Tenerife (1993), etc.; aunque tan sólo realizados los de Ondárroa (1989-1995), Bilbao (1990-1997), otros dos para Valencia (1991-1995 y 1991-2000) y uno en Murcia (1994-1999). Esto sin contar los que de manera progresiva se van multiplicando también más allá de los Pirineos, en una carrera espectacular e imparable.

Ahora bien, con este de Ripoll culmina una nueva tipología constructiva de puente, que ya había proyectado para París (puente Gentil, 1988), pero aún no había edificado: así, mantiene el no repetirse en ningún caso. Se trata de lanzar un arco inclinado de sólidos perfiles metálicos (de 6,5 m de altura y 44 m de longitud, con una inclinación de 65°), a cuyo lado contrario se contrapesa la pasarela horizontal, de un total de 65 m de longitud; aquí sólo para peatones, lo que le permitirá aligerarla, haciéndola de madera. Pero al final, con este tipo de arco inclinado, con un esquema parecido (no exactamente igual), proyectaría en el mismo año el de Ondárroa y menos de un par de años después el de Alameda.

Este puente de La Devesa surge de una estructura inferior moldeada en hormigón, para dejar que por encima de la horizontal del tablero sólo surjan elementos metálicos

Puente de La Devesa
1989-1991, Ripoll
Detalle inferior de la pasarela

El envés de cualquier puente merece para Santiago Calatrava el mismo cuidado proyecto que el resto, aunque sea menos visible. Medio en broma medio en serio, él mismo lo justifica en atención a los sin techo que buscan vivir bajo los puentes, en este caso puentes «de diseño». En esta pasarela de madera se observa bien cómo desde un perfil tubular lateral (conectado al arco superior) salen en voladizo las costillas, que a su vez se arriostran mediante aspas metálicas.

Puente de La Devesa
1989-1991, Ripoll

En realidad, esta pasarela exclusivamente peatonal no es un puente que conecte al mismo nivel las dos orillas, sino que se trata de salvar el río, pero ofreciendo una bajada al otro lado del lecho central, sin llegar del todo a cruzar la antigua zona de inundación, que se convierte en una nueva zona verde. Y de nuevo, como suele suceder en todos sus puentes, la línea del tablero separa una zona inferior de hormigón armado de formas fluidas y la pared superior metálica, más aligerada, en blanco.

blancos, más ligeros. En definitiva, se comporta como una cercha inclinada de tubos cilíndricos, a la que se fija por tornillería el voladizo asimétrico de la pasarela.

Y lo más llamativo es que resulta un puente cuyo extremo queda al aire, pues sale de un apoyo empotrado en el paseo junto al río Ter, pero por el otro lado acaba en un voladizo, con una escalera girada que desciende a la zona verde donde se emplaza.

Conviene apuntar, por último, que para llegar a este diagrama de funcionamiento estructural, se fijó en el ángulo que forman las alas de un pájaro en vuelo en relación a su tronco, como revelan unos dibujos suyos.

Torre de comunicaciones de Montjuïc, Barcelona, 1989-1992

El proyecto requería una doble función: Desde el punto de vista funcional debía albergar los servicios, antenas y dispositivos necesarios para la telecomunicación, y desde el punto de vista formal, podía hacer referencia al acontecimiento de los Juegos Olímpicos de 1992, justificando así de inmediato su condición de símbolo. Finalmente, lo logrado es un elemento que, partiendo de su programa funcional, se ha convertido en un hito arquitectónico para Barcelona, de alto valor simbólico, indiscutido por la espontaneidad con que es tomado como tal desde la prensa y los estamentos publicitarios y populares.

Con una forma enormemente singular, casi como una «Excalibur» gigante, corriendo sobre el afilado límite entre la estática y la dinámica, asegura el equilibrio al hacer coincidir el centro de gravedad de la base con la resultante vertical del peso propio. Y la inclinación del fuste coincide con el ángulo del solsticio de verano en Barcelona, por lo que su sombra sirve de reloj solar a medida que ésta recorre la plataforma circular situada en la base de las escalinatas.

Por otra parte, el perfil de esta torre tiene voluntarias y conscientes reminiscencias antropomórficas de figura oferente, referida al hecho ceremonial de las olimpiadas, lo que acelera la consecución de su carácter simbólico, por la manera que su figuración se hace cercana, comunicativa y comprensible.

Lo que está claro es que, si ya innovó de manera espectacular con otro proyecto suyo la tipología convencional de las torres de comunicación (para el concurso de la torre barcelonesa de Collserola, en 1988), con ésta vuelve a sorprender con una totalmente distinta, que tampoco ha vuelto a repetir en las sucesivas torres que ha ido proyectando (Valencia, Alicante, Bilbao…).

En la base circular situó por vez primera, en un elemento arquitectónico, una abertura con forma de ojo, que asume también su mecanismo de cierre como un párpado. Hasta entonces lo había hecho tan sólo en su escultura *Ojo parpadeante* (1985), y aplicado también móvil (pero sin esta literalidad) en las puertas de Ernsting's Miniladen. Alrededor, superficies onduladas jugando con el agua de un estanque, todo recubierto en blanco con el *trencadís* propio de Antoni Gaudí, en su ciudad, en Barcelona; acabado que a partir de ahora será su favorito.

Torre de comunicaciones de Montjuïc
1989-1992, Barcelona

Como es habitual en la obra de Santiago Calatrava, las estrictas simetrías frontales contrastan con las tensionadas asimetrías laterales. Esto es porque suele desarrollar el proyecto desde la sección transversal, donde se aprecia mejor el punto límite al que lleva a sus estructuras. En este caso se inicia desde la base, dejando toda la torre apoyada tan sólo en tres puntos, dinamizando su imagen. La inclinación del fuste la convierte, además, en un gran reloj solar, que por sus dimensiones y la escala a la que llega se puede interpretar como reloj para toda Barcelona. De hecho, de manera espontánea, ya se ha asumido como un símbolo más de la ciudad.

Torre de comunicaciones de Montjuïc
1989-1992, Barcelona
Esta imagen evoca enseguida, incluso a nivel popular, la idea general de futurismo: líneas inclinadas que dinamizan una composición arquitectónica centrada en la expresión del movimiento (justo la intención principal de la vanguardia histórica futurista), formas abstractas puras siempre presentadas en color blanco inmaculado, aerodinamismos evocadores de máquinas aeroespaciales, y materiales modernos (acero y hormigón) no tradicionales (piedra y ladrillo).

Estación de ferrocarril del aeropuerto Saint-Exupéry
1989-1994, Satolas-Lyon

El acceso al vestíbulo principal de la estación queda a pie plano, a nivel de calle. Desde él se pasa al corredor que se aprecia en la fotografía, que se presenta como un altillo sobre los andenes y las vías. El conjunto se cubre con una estilizada estructura que puede interpretarse de dos maneras. Puede leerse tanto bidimensionalmente en sección transversal, como una sucesión de arcos rebajados, o como una sucesión de elementos en voladizo que se tocan por sus puntas.

El reconocimiento internacional

El definitivo reconocimiento internacional de Santiago Calatrava empezó a consolidarse a medida que éste iba consiguiendo ofrecer al público y a la crítica de todo el mundo más y más obras realizadas, junto a un despliegue bibliográfico cada vez más extenso y a numerosos concursos internacionales ganados y con obras construidas, desde la estación de Satolas-Lyon hasta la estación de Lisboa.

Estación de ferrocarril del aeropuerto Saint-Exupéry, Satolas-Lyon, 1989-1994

Partiendo de haber ganado el primer premio en el correspondiente concurso, la construcción de una estación de tren de alta velocidad junto a la terminal del aeropuerto, debía adecuarse a su edificio central con sus respectivas ampliaciones, desde la obligada alineación de las vías, que también resultaban intocables.

La conexión entre los dos edificios se hace mediante una galería asimétrica de acero y vidrio, sobreelevada, permitiendo por debajo el paso fluido de los vehículos, en su zona de aparcamiento descubierto y de entrada a la subterránea. Para entrar perpendicular a la estación, la galería sufre un quiebro, justo en el punto en que incide otra pasarela que la conecta con las plantas del aparcamiento.

Por otra parte, el edificio principal simétrico de la estación concentra toda la atención, por su imagen simbólica fácilmente asociable con el fenómeno de volar, saltando por encima de todo el perfil del aeropuerto, y su cubierta puede interpretarse como un pájaro gigantesco que se alza sobre las vías del tren. A la vez, se busca ofrecer una imagen que sintetice el impulso de progreso deseado para la región.

Bajo esas grandes alas brillantes al sol se encuentra el amplio vestíbulo. Con todas sus fachadas de vidrio, ofrece una gran transparencia hacia las vías y hacia el exterior. Desde él, a lado y lado, se accede a una galería con escaleras y ascensores que bajan a los andenes. Éstos dejan su cerramiento entreabierto, para permitir la visión del aeropuerto al fondo.

La forma general vuelve a proceder de múltiples fuentes superpuestas, en constante interacción dentro del mundo de los proyectos de Santiago Calatrava. Por un lado, se refiere, en efecto, a esa metáfora de volar, incluso tomando la forma de las esculturas *Pájaro* y *Pájaro II*. Pero, por otro lado, recuerda a los casquetes que dibuja en numerosos blocs, cascos de héroes míticos, con sus aparejos bélicos.

Y no menos importante es su aproximación a otra forma recurrente en él, el ojo humano, con su amplio párpado, pestañas y cejas que hacen la forma más redundante.

Luego, queda también ver su modelado aerodinamizado, igual de eficaz para expresar la velocidad, el movimiento, precisamente en una estación de alta velocidad junto al ir y venir de los aviones. Es la primera vez que lo proyectó todo junto.

Estación de ferrocarril del aeropuerto Saint-Exupéry
1989-1994, Satolas-Lyon

Una tercera lectura interpretativa de la estructura, en este caso desde un punto de vista tridimensional, es que se organiza como una malla espacial continua. Esto resalta la percepción de las nervaduras, que a su vez también despliegan una cierta estructura arbórea, y procuran presentar siempre sus nudos con formas fluidas curvas para que el dinamismo protagonice la imagen general.

Estación de ferrocarril del aeropuerto Saint-Exupéry
1989-1994, Satolas-Lyon

Detalle de las nervaduras de la cubierta, con las fachadas al aire libre, abiertas al paisaje circundante conformado por taludes verdes. La visión de tales nervaduras de la estructura nos traen a la mente de inmediato las bóvedas nervadas de los edificios de la época del gótico. En el caso de Santiago Calatrava siempre existe además la intención de entender todas las piezas como prefabricadas.

Estación de ferrocarril del aeropuerto Saint-Exupéry
1989-1994, Satolas-Lyon
Testero de los andenes

En realidad, no hay diseño alguno del alzado y se aprecia perfectamente la sección del edificio desde el exterior. Con frecuencia se pueden encontrar fachadas de sus obras constituidas por la misma sección transversal desnuda, que por repetición ha llegado hasta el mismo frontal, y que se puede observar su corte sin que se piense en una fachada que deba taparlo.

Estación de ferrocarril del aeropuerto Saint-Exupéry
1989-1994, Satolas-Lyon

Un bólido de carreras, un caza a reacción, una nave espacial incluso, son evocados por esta visión exterior del vestíbulo principal de la estación. Con una cubierta tratada de una manera no muy diferente a la vista en el diseño de los puentes, aunque de mayor complejidad: arranques de hormigón armado que continúan aligerados como estructura metálica. En este caso, como excepción en la obra de Santiago Calatrava, se dota al acero de una tonalidad oscura.

Puente de Zubizuri, Bilbao, 1990-1997

Zubizuri, «puente blanco» en lengua vasca; éste es el bonito nombre de la pasarela peatonal que une el paseo Campo Volantín con el antiguo muelle de Uribitarte, las dos márgenes de esta zona de la ría de Bilbao, en plena operación de ganar para el ciudadano una fachada que puerto e industria le negaban hasta hace pocos años. Ahora, una serie de equipamientos, entre los que se encuentran el Museo

Puente de Zubizuri
1990-1997, Bilbao

El «puente blanco», nuevo símbolo para el Bilbao del siglo XXI, junto al Museo Guggenheim, de Frank Gehry, y el Palacio de Congresos y de la Música, de Federico Soriano y Dolores Palacios, en una operación de recuperar la ría para el ocio popular, siguiendo el ejemplo de la Barcelona de los años ochenta, que recuperó también su frente marítimo, hipotecado por el crecimiento del puerto. En el caso de este puente, Santiago Calatrava lo deja aquí como suspendido entre un par de grandes soportes de hormigón armado.

Guggenheim de Frank Gehry y el Palacio de Congresos y de la Música de Federico Soriano y Dolores Palacios, se encargan de garantizarlo.

Con este puente culminó por fin su búsqueda de construir de la manera más ligera y etérea posible. Acercarse al máximo a la ingravidez, al salto grácil por encima de la ría. Esto lo logró también porque en su momento se retrasó la construcción del puente, puesto que en el primer proyecto, aunque la pasarela ya iniciaba una ligera curva en planta y alzado, aún se trataba de un arco de perfiles sólidos, como el de La Devesa.

Puente de Zubizuri
1990-1997, Bilbao

Espacio de geometría reglada alabeada, creado con los cables tensores por encima del suelo ligero de vidrio traslúcido, que consigue una imagen máximamente etérea. Esto se propicia por las transparencias, juegos de luces y brillos del conjunto, por los trazos de curvas suaves con que se ha proyectado esta pasarela, por la ligereza de los elementos estructurales, facilitado todo por el hecho de que tan sólo se trata de un puente peatonal, sin excesivos requerimientos de carga.

Pasados los años, introduciría lo que estaba proyectando por entonces, ya sólo con cables tensores en numerosos puentes, y con mayor énfasis en la curva de la pasarela, que permite la creación de formas alabeadas más espectaculares. Esto lo empezaría a aplicar desde el proyecto para el puente peatonal Trinity en Salford, Gran Bretaña (1993-1995), pero construido a gran escala configuraría la ampliación del museo de arte de Milwaukee, Wisconsin (1994-2000).

Todavía otra decisión de proyecto remataría la flotabilidad de esta obra, la realización de todo el suelo en vidrio traslúcido. Así, lo proyecta de blanco inmaculado y con todo el resto de aditamentos que le han permitido conseguir el mejor efecto. Claro que en un Bilbao húmedo, siempre bajo la lluvia, este delicado pavimento causaría estragos entre los usuarios. Ante esto, los ciudadanos han tomado cartas en el asunto de buscarse la justicia por su propia mano, y tienen el acuerdo tácito de que cada vez que alguien se hace daño en una caída, vienen con mazos a romper una de las piezas de vidrio.

Otro asunto ha sido de nuevo el problema de los testeros, que por quedar en alto, al no entregarse de manera natural con cada orilla, la sección queda a la vista y necesita algún acabado, que precisamente por la fuerza de proyección de la sección transversal se hace más difícil todavía.

Pabellón de Kuwait para la Expo'92, Sevilla, 1991-1992

El pabellón de Kuwait es un edificio singular, que por sus características fue objeto de gran atención durante la Exposición Universal del año 1992 en Sevilla, logrando la función de atraer al visitante a su interior, en donde a través de imágenes proyectadas en pantallas, vídeos, fotografías y libros se daba a conocer aquel país a la comunidad internacional.

El proyecto consta de una cubierta móvil, que en posición abierta alcanza 25 m de altura, logrando ser un elemento muy visible entre el resto de los pabellones de la Expo'92. El edificio, lamentablemente en desuso, tiene tres niveles; el inferior destinado a albergar los aparatos técnicos y de climatización, y la zona de recepción para invitados especiales; el nivel de zócalo, con un gran vestíbulo y una sala de unos 400 m^2, con una cubierta a 5 m del suelo, en la que se proyectaban imágenes de Kuwait, y el nivel superior de exposición, a modo de terraza al aire libre, pero que quedaba protegida con la cubierta móvil; ésta era cerrada durante el día para dar sombra en el interior, y abierta durante la noche para que pudieran realizarse las proyecciones y exhibiciones al aire libre.

Asimismo, para permitir el paso de la luz natural hacia la planta baja, el suelo curvo se realizó en mármol traslúcido pegado a vidrios de seguridad.

Las grandes piezas móviles de cubierta ya las había proyectado similares y también móviles para el pabellón de hormigón Swissbau (Basilea, 1989), aunque con la ventaja de que al ser una planta circular se obviaba automáticamente el problema de los testeros. Y las había construido algo parecidas en el pabellón flotante de hormigón SZI (Vierwaldstättersee, 1989). Proceden de modelos de huesos de alas y, por tanto, con requerimientos de voladizo; pero también las hay provenientes de la imagen de uñas, de sables árabes y, en su sección conjunta, de manos que se abren y se cierran protectoras unas sobre otras, según los dibujos previos de Santiago Calatrava. No obstante, su origen es más lejano y material, al surgir desde el mismo sistema estructural de cerchas tridimensionales que utilizaba en sus primerísimas construcciones, como, por ejemplo, la cubierta de la nave industrial Jakem (Münchwilen, Aargau, 1983-1984), muy estilizada luego en la de la sala de conciertos Bärenmatte (Suhr, 1984-1988).

JAPON

Pabellón de Kuwait para la Expo'92
1991-1992, Sevilla
Detalle de la columnata del patio superior

Al patio superior se accede por una amplia escalinata que dota al conjunto de mayor monumentalidad. Sus formas aerodinámicas y su brillante blancura crean una imagen futurista para representar un país que quiere ofrecerse al público general como un estado moderno, con las miras puestas en el progreso y el futuro. Sin embargo, no queda lejos la evocación de los antiguos templos griegos, columnatas blancas sobre generosas escaleras.

Puente de Oberbaum, Berlín, 1991-1994

Llegado el deshielo, o sea, la caída del muro de Berlín, en la reunificada Alemania, se debía empezar la tarea de unir trazados urbanos separados durante decenios en su capital. Tal era el caso de este proyecto, que debía tender la nueva unión entre las dos partes de un antiguo puente historicista sobre el río Spree, destruido desde la guerra, en la frontera de las dos zonas en las que Berlín se hallaba separada.

El puente antiguo está erigido en ladrillo visto rojo y estilo neogótico, obra de Otto Stahn de 1895-1896. Y en este caso se trata de una de las pocas actuaciones de Santiago Calatrava en un contexto previo de arquitectura de carácter marcado, fuerte e histórico.

Pues bien, por lo que se ve, sus decisiones no tienen concesión ni mimesis alguna. Se introduce entre ambas partes del puente con un elemento ligero y metálico, en tono oscuro, que evite un contraste demasiado agresivo, que aquí sólo se da por

Puente de Oberbaum
1991-1994, Berlín

Aquí se reconstruye en metal oscuro la parte central del puente historicista destruido desde la guerra. Así, queda inscrito entre las formas decimonónicas de un puente que se inspiraba en la Edad Media, haciendo aparecer arcos ojivales, torres y almenas, sugiriendo la construcción fabulada de un castillo, en búsqueda de cierto romanticismo evocador. En medio, el tramo moderno de Santiago Calatrava, sin concesiones y de líneas escuetas.

Puente de Oberbaum
1991-1994, Berlín
Vista inferior

De nuevo, las partes inferiores del puente adquieren un especial interés, por el cuidado que Santiago Calatrava gusta en poner. Esta vez, los recortes curvos de las piezas metálicas dotan los bajos de un carácter intenso, no secundario, que acaba por evocar una imagen orgánica de espina dorsal y costillas, mientras los arcos parabólicos buscan su adecuación a la exacta descripción del funcionamiento estructural, que termina por presentarse de la manera más elegante.

el uso exclusivo del acero, que conlleva unas formas consecuentemente diferentes y de mayor transparencia. Éstas, además, tienden a hacerse fluidas, con curvas que resiguen y unifican todas las partes con su conjunto. Esto se hace especialmente visible por debajo del puente superior, en continuidad con esa filosofía de Santiago Calatrava de hacer las partes inferiores de los puentes con igual interés, aunque sea sólo para alegría de los que viven bajo ellos, tal como él mismo declara. Y aquí, esa parte baja, volverá a recuperar la imagen evocadora de la anatomía interior de algún vertebrado.

Por otra parte, resulta interesante la comparación de las distintas versiones que se fueron destilando para este puente, pues se puede ir siguiendo muy bien todo el proceso del proyecto. Primero desglosa el puente en elementos de soporte y soportados, y luego lo unifica todo en una única curva, descubriendo la mayor fuerza orgánica de tal decisión.

El resto del mobiliario urbano también se diseñó para la ocasión; así, las barandillas y la iluminación, adoptando formas que recuerdan las del mismo Erich Mendelsohn, en su actuar berlinés, en pleno expresionismo centroeuropeo, a principios de los años veinte. Desde este momento se verán aparecer formas dinámicas similares en muchos detalles de muchas otras obras suyas.

El retorno a Valencia

Puente de Alameda
1991-1995, Valencia

Arco metálico que soporta algo inclinado el tablero ligeramente curvo del puente. Éste atraviesa el antiguo cauce del río Turia, hoy convertido en una gran zona verde lineal destinada al ocio popular. La inclinación del arco protege el paso peatonal lateral, creando un ámbito más recogido en relación a la calzada rodada. Las barandillas y barras protectoras para los vehículos participan de un diseño unitario, que reflejan a menor escala lo que sucede en la estructura.

Contradiciendo la frase de que «nadie es profeta en su tierra», Calatrava ha ido recibiendo una serie de encargos para realizar en la Comunidad Valenciana, especialmente en Valencia, junto a un encargo foráneo, como la estación de Oriente en Lisboa. Esto se ha debido a una buena visión política, al reconocer su valor y reivindicar con esos encargos su origen, hasta el punto de hacer que Valencia sea ya realmente «la ciudad de Santiago Calatrava», como –casualmente– Barcelona lo es de Antoni Gaudí.

Puente y estación de metro de Alameda, Valencia, 1991-1995

Estación de metro de Alameda
1991-1995, Valencia

Aquí se muestra el espacio interior iluminado de la estación de metro, que queda subterránea, debajo y en línea con el mismo puente de Alameda. Aparece el trabajado tratamiento de la luz, muy propio de la obra de Santiago Calatrava, que baja en este caso desde tragaluces superiores y desde el pavimento mismo de la cubierta transitable, que dispone de piezas de vidrio. La estructura ofrece una doble lectura: una alineación de elementos en voladizo despegando al vuelo o estos mismos que se cierran con los del lado opuesto entendidos como arcos completos.

Si Barcelona le descubrió, Valencia lo acogió como hijo predilecto, ya afamado en el exterior, y consiguió esta nueva obra. Se trata de un conjunto, en esa enorme tarea de urbanizar todo el cauce del río Turia, constituido por una estación de metro y sus accesos, la plaza que la cubre y un puente que la sobrevuela.

Está situado en un punto clave, como continuación por encima del río de la ronda que bordea el barrio antiguo de Valencia, por debajo de la cual transcurre el ferrocarril metropolitano. Para el puente, estaba en un momento en que, tras haberse descubierto hacía poco más de un par de años el arco inclinado de perfiles sólidos, adoptó esta tipología, aplicando una suave curva al tablero del puente, que lo hace más grácil. Consiguió, pues, construir por fin exactamente el mismo tipo de puente que propuso para París en 1988, puesto que los de Ripoll y Ondárroa eran algo distintos, mientras que el de Bilbao acabaría por otros derroteros.

Abajo se encuentra una «plaza dura» delimitada por los lucernarios prismáticos que iluminan la estación del metro. La luz se potencia más todavía al situar en el centro un pavimento de vidrio, a modo de claraboyas triangulares, que acaban creando el espacio inferior de los andenes bajo el vago recuerdo de las nervaduras góticas. Esa línea de estructura nervada es completada por unos arcos cuyo perfil puede entenderse que discurre por caminos distintos cada vez que se busca reseguirlos, como en el gótico también; algo que fue realizado con mayor escala en la estación de Satolas-Lyon.

De hecho, la mayor aparatosidad volumétrica en las nervaduras de esta estación del aeropuerto aparecía igualmente en las primeras propuestas para el proyecto valenciano, pero los años volvieron a permitir suavizar más las formas y aligerarlas, como en el puente de Zubizuri, en esta dirección hacia lo más sutil e ingrávido, que poco a poco se va viendo en la obra de Santiago Calatrava.

Conviene reseñar, por último, que también ha conseguido construir para este trabajo elementos de arquitectura cinética; esta vez en las bocas del metro, como ya inauguró en la estación de Stadelhofen; aquí, unas lamas se accionan para abrir y cerrar los accesos, creando con ello móviles superficies de geometría reglada alabeada (la introducida por Antoni Gaudí en la historia de la arquitectura).

Ciutat de les Arts i de les Ciències
1991- 2001, Valencia
Fachada del Museo de las Ciencias

La imagen corresponde a la fachada longitudinal del Museo de las Ciencias «Príncipe Felipe». Se organiza a modo de entramado de celosía, pero a gran escala. Mientras una enorme pasarela volada a media altura mitiga la entrada directa del Sol. El despiece horizontal de la carpintería facilita a su vez la lectura formal de dominante también horizontal, característica de la obra de Santiago Calatrava, como línea propia de la modernidad, contrapuesta a la arquitectura clásica verticalizante.

Ciutat de les Arts i de les Ciències, Valencia, 1991-2001

Tras ganar el concurso correspondiente, ésta es la obra de su vida, nuevo gran corazón lúdico en su ciudad natal. No puede estar más contento pues, además, ésta y el puente del 9 de Octubre son dos obras suyas las que inician y acaban todo el extenso parque lineal alojado en el antiguo cauce del río de la capital levantina.

La impresión es de inmensa obra faraónica, erigida blanca y deslumbrante, realmente radiante, como auténtica ciudad futurista, nuevo símbolo glorioso de la Valencia contemporánea. Pero que choca brutalmente y de bruces en su entorno mediocre de reciente ensanche de bloques residenciales, pragmáticos y convencio-

Ciutat de les Arts i de les Ciències
1991- 2001, Valencia
Planetario

La visión nocturna es clave y reveladora de un trabajo especialmente intenso también bajo esas circunstancias. El planetario, merced al estanque dispuesto expresamente delante y al reflejo nocturno en el agua, evoca la imagen de un casco o un ojo mágico, el ojo de la sabiduría. Ésta se trata de una forma recurrente en la obra de Santiago Calatrava, sea cual fuere la escala en la que se aplique, el lugar donde se sitúe o el papel que deba corresponderle.

nales. De hecho, ya se le recortó el programa de manera drástica con el cambio político en el ayuntamiento. Se llegó entonces a una situación curiosa; en Barcelona, los autodenominados progresistas querían impedirle la construcción de su torre en Montjuïc, tildando de conservadora su arquitectura y todo el que la defendiese, y en Valencia, los del Partido Popular no le dejaban construir la torre encargada por los del Partido Socialista. «Ni de derechas, ni de izquierdas, demócrata sí, pero lo que quiero es construir», exclamaba desesperado al que estas líneas escribe.

La conclusión es que, como la torre de Collserola en Barcelona, no se construirá otra singularísima torre de comunicaciones de 327 m para presidir el conjunto, esta vez incluso con un complejo programa que incluía oficinas en altura.

Todo queda organizado según un rígido eje principal en paralelo a una nueva avenida. La amplia galería acristalada del Museo de las Ciencias Príncipe Felipe, constituida ahora como el cuerpo principal del conjunto, alberga en su interior varias terrazas en las que se desarrollan las exposiciones. Todo soportado por espectaculares arcos de hormigón armado que constituyen la estructura arborescente del edificio.

Junto a él, el Hemisférico, gran ojo que contiene un planetario, cine 3D e Imax, las últimas tecnologías audiovisuales. En su mismo eje está el Palacio de las Artes, enorme casco aerodinámico dotado de todo lo que cualquier espectáculo teatral, operístico y musical necesita. Luego, se completa con edificios anexos de aparcamiento y pérgolas parabólicas que cierran la plaza central, ocupada por un gran estanque.

Plaza de España, Alcoy, 1992-1995

Plaza de España
1992-1995, Alcoy
Fuente

En uno de los extremos de la plaza se alza esta fuente, a modo de surtidor delante de un elemento móvil, formado por lamas rectas dotadas de plegabilidad, que suben y bajan desde una posición plana inicial, configurando otra vez superficies de geometría reglada alabeada. Detrás se sitúa un rincón algo elevado, como mirador, bajo el cual se accede a la sala subterránea. En el suelo también aparecen luces eléctricas dentro de unos diseños parecidos a cascos de guerreros.

También esta ciudad levantina quiere hacer pública su prosperidad, para lo cual le encargó el proyecto de un puente (1992) e hizo construir su plaza principal, la del ayuntamiento, con una nueva imagen de contemporaneidad.

Esta plaza queda definida por su duro pavimento de adoquín granítico, surcado por líneas de vidrio en el suelo, a modo de espina de pez, que permiten la entrada de luz natural al subterráneo, convertido en amplia sala polivalente para uso cívico. Esta última sorprende por su esbelta estructura, creando un espacio diafragmado mediante arcos parabólicos, como solía hacer Antoni Gaudí en sus obras; aunque en este caso son, además, arcos géminos, que desde una de las entradas en una punta del espacio se van disociando poco a poco en dos hasta la otra entrada en el extremo opuesto.

La primera sensación es, efectivamente, la de estar en el vientre de una ballena, con sus costillas y tronco. Y esa metáfora piscícola se ve corroborada desde los dibujos preparatorios, donde aparecen hechas en croquis las entradas como bocas de pez, con sus ojos, aletas y espinas dorsales a lo largo de toda la plaza, incluso con una emblemática cola no realizada.

Lo construido finalmente es un elemento de entrada al espacio inferior a cada extremo de la alargada plaza. Ambos con mecanismos que mueven unas lamas, conformando superficies de geometría reglada alabeada, como empieza a ser habitual en sus obras. Uno de ellos es además una fuente, que por detrás permite elevarse un poco, configurando un mirador de piezas moldeadas de granito gris. El

Plaza de España
1992-1995, Alcoy
Espacio cívico subterráneo

Este espacio comprende un espectacular despliegue de una curiosa estructura diafragmada que recoge la luz estratégicamente pensada. Las costillas pasan de un arco único a duplicarse a lo largo de un arco longitudinal central. Y se observan unas escaleras que salen directamente a la plaza por su extremo inferior, debajo de la fuente. Tienen un sistema de iluminación integrado en sus contrahuellas, que las convierte en telón de fondo del espacio.

otro elemento es una entrada que, como la del metro de Valencia, cuando se cierra, queda totalmente a ras de suelo. Con ello va afianzando su voluntad de hacer de las aberturas acontecimientos plásticos y volumétricos.

Resaltemos también el tema de la iluminación, integrada en los elementos estructurales y en los peldaños de las escaleras, así como resuelta sobre la superficie de la plaza a base de casquetes metálicos, con evocación de los cascos de héroes y guerreros míticos en lucha con los monstruos marinos. De hecho, en sus esquemas de diseño de la sección del espacio subterráneo, también aparecen unas figuras draconianas contrapuestas, de alas abiertas, de manera similar a como ya había construido la escalera del cabaret Tabourettli.

Estación de Oriente, Lisboa, 1993-1998

Por último, Calatrava llega con este complejo a otra de sus obras más extensas. En este caso, también tras ganar el primer premio de la competición convocada para la urbanización de toda esta zona junto al río Tajo, que debía prepararse para la Exposición Universal de 1998.

Estación de Oriente
1993-1998, Lisboa
Detalle de los vidrios y la cubierta

Esta estructura arborescente cubre los andenes de la estación, coronando todo el conjunto por encima de la parte edificada en hormigón armado de apariencia menos ligera. Queda, pues, como una pérgola superior al aire libre, como en el Pabellón de Kuwait. Así se descubre que esto no es diferente a la estrategia vista ya repetidas en los puentes, con una parte inferior en hormigón armado y una superior en acero, que al fin y al cabo vuelve a corresponderse con la idea de ascensión y vuelo presente en toda su obra.

El edificio principal es una estación que se pretende que sea la central para toda Lisboa, a pocos minutos del mismo aeropuerto, con su correspondiente estación de autobuses y metro. Esto se completa con galerías de servicios y comercios.

La composición es de una fuerte simetría, con un eje que atraviesa transversalmente la línea de las vías del ferrocarril, «cosiendo» la estación de autobuses hasta su conexión con un gran centro comercial, ya fuera del edificio, al otro lado de una avenida.

Hasta él llega la actuación de Santiago Calatrava, uniéndolo desde la planta altillo mediante dos puentes peatonales de arco inclinado y suelo de vidrio. Y ahí mismo da una de las dos fachadas, con un enorme voladizo parabólico de metal y vidrio. Elemento que se repetirá justo al otro extremo del eje central, en la segunda fachada, la cual, sin embargo, queda perdida ante un callejón secundario, sin encontrar la esperada correspondencia de su entorno.

Ahí se erige como un pórtico de acceso a la zona de los autobuses, ordenados mediante largas lenguas de marquesinas en pronunciado voladizo, todo de nuevo en metal blanco y vidrio.

Y lo más espectacular acaba siendo la cubierta transparente y ligera de esbeltos árboles de acero blanco, por encima de los andenes, en el piso superior del edificio principal.

Este tipo de estructura consigue por fin hacerse realidad construida, después de que la hubiese incluido en muchos otros proyectos sin éxito todavía. El más parecido es el de la estación ferroviaria de Spandau, Berlín (1991), con un esquema tipológico muy similar. Aunque unas piezas así, de vidrio, arborescentes y autoportantes, ya las había ensayado en el proyecto para el restaurante Bauschänzli, Zurich (1988).

Pues bien, al final, lo que más extraña en esta obra es el hormigón gris, que acaba oscureciendo el espacio y contrastando demasiado con el blanco del metal, mientras parece demandarle que se cubra de blanco. Ahora, toda la Expo'98 ha quedado bien reciclada, con gran éxito popular como parque y conjunto lúdico-comercial.

* * *

Hasta aquí el repaso por una selección de obras arquitectónicas construidas. Junto al resto de su obra edificada, mucho más llevaría hablar de los numerosos proyectos no realizados, que van quedando para la historia, pulcramente propuestos desde maquetas perfectas, de precisión suiza, hechas en Zurich, y fotografiadas en un sobrio blanco y negro, que realza su condición plástica-dinámica y abstracta, con independencia del contexto. En no mucho tiempo, ha conseguido un buen número de proyectos que ya nunca se llevarán a cabo, pero que merecen estar con toda justicia en la primera línea de sus catálogos, al lado de sus obras sí realizadas, por la conquista que ha supuesto su invención y diseño para la arquitectura. Su principal aportación son la inteligencia y la audacia, con sus soluciones, tanto tipológicas y organizativas como formales y estructurales. Proyectos claves que luego han permitido nuevos rumbos al resto de la obra de Santiago Calatrava. Sin duda, en tal lista se encuentran los proyectos de la torre de comunicaciones de Collserola (Barcelona, 1988), el pabellón flotante sobre el lago (Lucerna, 1989), la remodelación y ampliación del Reichstag (Berlín, 1992), etc. De hecho, la historia de la arquitectura está llena de proyectos no construidos buen ejemplo de ello son: «el rascacielos de una milla de altura», de Frank Lloyd Wright; «la casa de ladrillo», de Ludwig Mies van Rohe, y «la ciudad de tres millones de habitantes», de Le Corbusier.

Otros campos de trabajo

Su curiosidad y su inquietud han llevado a Santiago Calatrava a experimentar en otros campos complementarios a su labor de arquitecto, siguiendo así la tradición de los grandes arquitectos modernos, que entienden que su quehacer arquitectónico abarca en realidad «desde la cuchara hasta el territorio», pasando por el edificio y la ciudad. De ahí que sus ideas se encarnen no sólo en arquitectura, sino también en simples dibujos, esculturas y diseños de objetos y mobiliario.

Los dibujos

Son realizados desde las diferentes técnicas, siempre con trazo rápido, seguro e insistente, sin posponerlo a la reflexión, sino más bien pensando mientras dibuja,

Dibujos
Blocs de croquis, archivo personal de Santiago Calatrava

En los blocs los dibujos aparecen sobrepuestos con esquemas arquitectónicos. Como temas recurrentes, caras, ojos, cascos, anatomías humanas, animales incluso, se entremezclan en encadenado brain-storming *con aplicaciones cruzadas a los proyectos que tiene entre manos en cada momento.*

Dibujos
Acuarelados sobre fotocopias
Blocs de croquis, archivo personal de Santiago Calatrava

En estos dibujos se ve claramente la analogía consciente que establece entre la anatomía humana y el diseño de una lámpara de pie. Y en ésta se reconocen otros temas frecuentes en su obra. Por ejemplo, la gran pieza que conforma la pantalla reflectante está realizada como escultura («Pájaro»), una variante de la cual se halla en su primer puente valenciano.

en interacción inmediata con su intuición. También abundan los dibujos meramente lúdicos, aunque nunca lo serán del todo, puesto que ejercen una labor de fijación de su propia imaginación, siendo así recuperables para algún proyecto posterior.

Habitualmente, son realizados sin modelo delante, de memoria, sobre cualquier cosa que le pasa por la cabeza: rostros con mucha frecuencia, hombres, animales, objetos, etc. Y es luego, ante esos estímulos, que «ata cabos» y entiende lo que los dibujos le sugieren, en torno a formalizar desde ellos los más diversos proyectos. No se trata de un trasvase directo de imágenes de la naturaleza, sino que requiere un proceso intermedio de selección y elaboración abstracta, facilitado por no dibujarse del natural directamente, sino con un primer tamiz que supone la memoria.

Pues bien, Calatrava conserva cientos de blocs de croquis en su estudio. Sobre todo, desde que él mismo se sistematiza a sólo dibujar en ellos. Con esto, su proceso habitual de creación de proyectos es tan práctico como eficaz. Así, recibe un encargo, con un programa y una ubicación, y entonces, en los ratos más inspirados y tranquilos (que suelen ser los que se respiran cómodamente instalado en casa, a últimas horas de la tarde-noche), abre uno de esos blocs para plasmar en ellos todo su *brainstorming*. Por eso, estos volúmenes se erigen en la herramienta más valiosa para conocer en profundidad lo que su *black box* contiene, y cuál es su funcionamiento.

También suele acuarelarlos, para rápidamente hacerlos más comprensibles con degradados volumétricos, pero también para diferenciar con colores las distintas piezas constructivas proyectadas, al ponerles a cada una el mismo en planta, alzado y sección.

Una vez tiene ahí ideas que le convencen, tras señalarlas, pasa los blocs a sus colaboradores, que se encargarán desde esos croquis de delinear los proyectos, dotándolos de escala y, poco a poco, también de constructividad más precisa. Es entonces cuando los planos llegan a manos del maquetista, que con los modelos tridimensionales (de precisión suiza) logra una aproximación muy cercana a lo que tiene que ser.

Las esculturas

En el quehacer pretendida y únicamente escultórico, o sea, creación de objetos tridimensionales situados en el espacio, pero no creación del espacio mismo para contener objetos, que ya pasaría a ser arquitectura (tenga o no fuerza plástica, expresiva), se podría decir que Santiago Calatrava confecciona tres tipos de objetos. Unos con movimiento real, que concentra en el movimiento mismo todo su interés, esculturas cinéticas (por ejemplo, *Ojo parpadeante*, de 1985); otros sin movimiento, pero constituyéndose en metáfora o referencia quieta del mismo (por ejemplo, *Pájaro II*, de 1987, situado a ambos lados de la entrada del puente del 9 de Octubre, en Valencia), y por último, los que se sitúan en el último límite de la estática, justo en el instante antes de pasar a la dinámica (por ejemplo, *Torso corriendo*, de 1985).

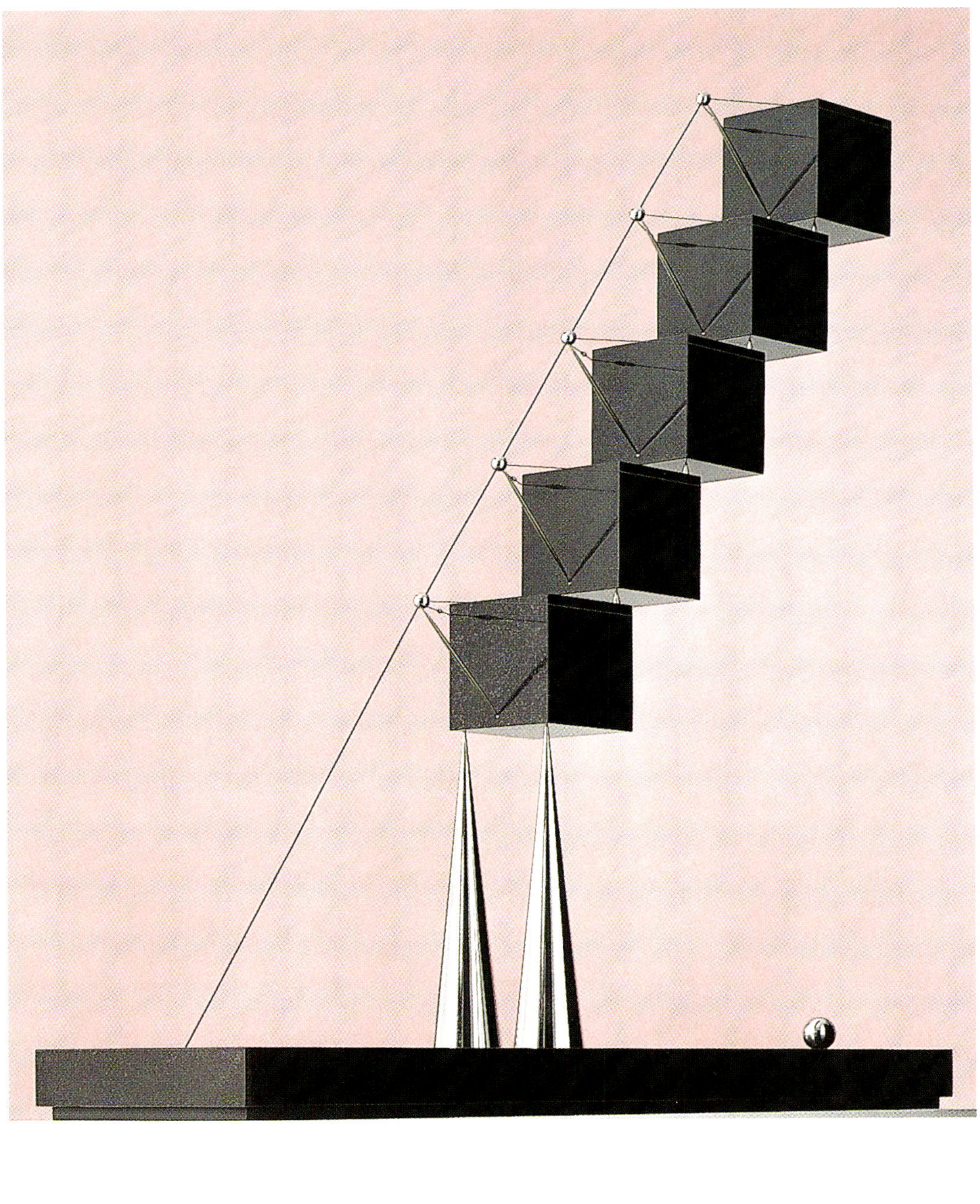

Torso corriendo
Foto: Estudio Calatrava

Un trabajo al límite, en la delgada línea que separa la estática de la dinámica, el momento justo antes de que una pieza inmóvil se colapse. Bajo un esquema estructural que tras evolucionar acabará en obras arquitectónicas realizadas, como el Puente del Alamillo en Sevilla.
Un pequeño detalle es la esfera inferior, sobre la cual se produce el «salto» del objeto, algo que aparece otras veces como centro de giro y como pupila.

Pájaro II
Escultura en el puente del 9 de Octubre, Valencia

La escultura se encuentra situada a lado y lado del puente, a modo de puerta de entrada. Esta situación de instalar esculturas o formas singulares como ingreso en sus puentes, pasos, escaleras, etc., es bastante frecuente. A veces con disimulo, con la excusa de erigir elementos de iluminación, pero siempre con la necesidad de marcar umbrales. Y sobre esta escultura concreta, lo más espectacular será reconocer en ella el esquema, por ejemplo, de la cubierta de la estación de ferrocarril del aeropuerto Saint-Exupéry, en Satolas-Lyon.

Escultura
2000

Como es habitual, su escultura se concreta siempre como figuración abstraída. Suele organizarse desde una abstracción geométrica de formas puras y claras, que después tiene detrás su interpretación figurativa. Muchas veces, incluyendo todo un trabajo de expresión de tensiones gravitatorias. En esta obra sin título, a modo de despliegue de dos esbeltas alas de granito negro, vuelve a aparecer su recurrente expresión del anhelo de volar, del elevarse por encima de la línea del horizonte, enfatizado por la finísima y perfecta separación central.

Salta, pues, a la vista el tema claro de fondo de todo ello, el interés por expresar el movimiento, que en el último tipo de objetos mencionado tendrá una tensión especial, por precisamente llevarse el equilibrio al extremo, movimiento contenido, elevado a la máxima potencia, justo antes del colapso de la pieza.

Pues bien, una de las cosas más interesantes es la transparencia del comportamiento gravitatorio que ostentan esos objetos, donde hasta la fuerza de rozamiento se hace patente, cuando normalmente se desprecia como valor. Precisión y exactitud es lo que respira para conseguir ese frágil equilibrio.

Masas representadas por cubos perfectos de piedra, con frecuencia mármol, o madera en los modelos previos e incluso en algunos definitivos. Elementos ligeros, puntuales o lineales de acero brillante, distinguiéndose los que trabajan a compresión, ahusados (respondiendo a la forma ideal para resistir el pandeo) y redondeados, conos a veces, y los que trabajan a tracción, cables metálicos. Todo en una geometría pura y sencilla, que, como además usa metales pulidos y mármoles, el recuerdo de Constantin Brancusi aparece inmediatamente, incluso a veces por trabajar con temas y conformaciones similares, en la abstracción total, pero con la posible referencia figurativa detrás. Por consiguiente, se da una apariencia minimalista, que cuenta con toda la complicidad de su autor, pues manifiesta su cada vez mayor tendencia al minimalismo.

Los diseños

En el diseño de objetos de uso aplica también la redefinición inteligente de la técnica constructiva misma, tratando coherentemente los materiales. Es un tipo de trabajo que entra de lleno en la definición «académico-ortodoxa» de lo moderno y su característica inmanencia (que en realidad no tendría por qué ser sólo así, pues limita la libertad), es decir, trabajar desde dentro, desde la técnica y los materiales, sin intromisión de nada ajeno, siendo ellos mismos la única fuente formal. Esto supondría abstracción total, pero como en tantos abstractos, desde Wassily Kandinsky hasta Nicolas de Staël, también en Calatrava planea subliminalmente cierta figuración esquemática.

Pues bien, entrando en los objetos mismos, empecemos por cada uno de los tres tipos de lámparas que diseña, de mesa, de pie y de pared (exceptuando las de techo, que siempre las integra en la estructura misma). Para cada uno adopta estrategias muy diferentes, que podrían llegar a constituirse como resumen de todo su hacer.

La lámpara de mesa es la que más se asemeja a sus características conformaciones óseas, que suelen ser de doble procedencia: huesos de monstruos desconocidos o huesos de aves indeterminadas, unos llenos de potencia y los otros de ligereza. Este último es el caso de su lámpara de mesa parecida a la señalización de tráfico, diseñada para Barcelona en 1986.

La de pie (llamada Montjuïc, por realizarse en paralelo y similar a la torre de Montjuïc) sigue la composición dual de confrontar el soporte con lo soportado, que verifica cómo intensifica el diseño de los soportes, disgregándolos de lo soportado, originado quizá desde la tradicional dicotomía de elementos sustentadores y tablero horizontal en los puentes. De ahí que en sus estudios previos se vean variaciones sólo en la pieza soportada.

La lámpara de pared, como la realizada para el Cabaret Tabourettli, en Basilea (1986-1987), responde a un diseño más compacto y unitario, siempre con sus estilemas propios, de estilizadas líneas diagonales, anunciando un «despegue» inmediato, un vuelo (como el banco y marquesina instalados ante su estación en Satolas-Lyon).

Y otros muchos serán sus diseños de objetos de uso, mobiliario urbano en su mayoría, producido en un principio para acompañar sus obras edificadas.

Señalización de tráfico
Entrada norte de la Avenida Diagonal de Barcelona

Esta vez se trata del diseño de un elemento de información viaria; por tanto, también una tipología de objeto propia de la contemporaneidad más actual. Mientras, el gesto quebrado del mástil vuelve a recordar tanto la lámpara Montjuïc como la torre. Y la pieza superior, que aparece en el detalle, también rememora otras muchas visibles en sus obras, a modo de pájaros abstractos. La procedencia formal última es doble, líneas de expresión de movimiento y la inspiración en la articulación de los huesos de una pata animal, en concreto de un perro: en la década de los años ochenta saltó con sorpresa a las páginas de las publicaciones sobre arquitectura el relato de que tenía en su despacho el esqueleto de un perro en el cual se inspiraba.

Fuentes de inspiración

La obra de Santiago Calatrava es una obra inspirada, con el triple sentido que esto tiene. Una obra inspirada, en cuanto al resultado que se percibe: una obra acertada, inteligente, plena. Una obra inspirada, en cuanto al proceso con que se lleva a cabo, con semejanza en lo fisiológico (inspirar aire): una obra interiorizada, hecha suya, personal. Una obra inspirada, en cuanto que se inspira en algo, que es como el ser humano crea, nunca de la nada. Y esto dicho en contra de los que confunden «copiar» o «imitar» con «inspirarse».

Sin embargo, el auténtico creador, como es el caso de Santiago Calatrava, tras la inspiración concibe conmovido en su interior una potencialidad poética, que acaba en un acto creativo externo, encarnándose en un nuevo «hijo», que es como consideran los creadores a sus obras. Éste, desde su alumbramiento, ya gozará de vida propia e independiente. Así lo siente y comenta el mismo Santiago Calatrava cuando dice: «Creo que las obras tienen vida propia, y que viven en sí (...); la arquitectura es una cosa, digamos, como cosa autónoma y como vida de la obra, es una cosa independiente (...) De modo que, en este sentido, referido a una visión de la vida propia de las obras, sí es que de algún modo se podría establecer un contexto metafísico, es decir, que aquello que se ha construido tiene un valor *per se* y tiene una vida *per se.*». Esto, según comentó en el programa de TVE «Testigos del siglo XX: Santiago Calatrava», de Francisco Avizanda y José Ramón Velasco.

Pues bien, para entender la obra de Santiago Calatrava aún será necesario determinar sus fuentes, pero sus fuentes de inspiración, que se han seleccionado en este volumen bajo tres denominaciones: trabajos ajenos, formas e ideas.

Puente de Bach de Roda / Felipe II
1984-1987, Barcelona
Detalle de la barandilla

En todas sus obras el diseño de las barandillas es un reflejo a escala pequeña del mismo mundo que desarrolla Santiago Calatrava en su obra arquitectónica. Normalmente las diseña en metal pintado de blanco, con formas igual de dinámicas que el resto, excepto el pasamanos que es de acero inoxidable, para soportar más el desgaste de su uso diario, e invariablemente lo prevé de sección circular, para su mejor adaptación a la mano.

Trabajos ajenos

Ante las obras de Santiago Calatrava es inevitable que espontáneamente salten ante nosotros las obras de otros arquitectos, que se sienten convocadas por la similitud de sus formas. Esto en primera instancia, pero luego se aprecian en esos autores actitudes e intereses también parecidos a los de Santiago Calatrava. Claro que su aparición puede resultar fastidiosa para alguno, pero ahí están. Y vale la pena entrar a conversar con cada uno de ellos, en el orden que dan los encuentros casuales, a medida que uno se desplaza por el caótico espacio de la «fiesta de la arquitectura».

Por su emblemática condición, la torre Einstein en Potsdam (1917-1921) es de las primeras que acuden y con ella su arquitecto, Erich Mendelsohn, expresionista por antonomasia también en su obra gráfica. Éste nació en Allenstein (Alemania) en 1887 y murió en 1953, tras un largo éxodo de años, que le llevó (por su condición de judío) desde la Alemania nazi a los Países Bajos, Inglaterra, Israel, Nueva York y finalmente San Francisco. En este caso hay hasta similitudes ancestrales con Santiago Calatrava.

Puente de Zubizuri
1990-1997, Bilbao

La sucesión de los cables tensores del arco de este puente, en este caso de una de las maneras más gráciles, configura una superficie con apariencia alabeada, de geometría más compleja que la habitualmente utilizada en la arquitectura, y de la que Santiago Calatrava ya no se separará nunca, puesto que se trata de una geometría que ya desde su germen contiene una mucho mayor expresión del movimiento que otra más sencilla, algo que facilitará sus intenciones arquitectónicas más íntimas.

Digna de un completo estudio sería la investigación en torno a los arquitectos que tienen relaciones más o menos lejanas con la ascendencia judía, y cómo este hecho influye en su sensibilidad, pues con una frecuencia más allá de lo casual su obra suele encontrarse dentro de cierto expresionismo orgánico. Véase si no la producción de Frederick Kiesler (Viena, 1890 - Nueva York, 1965), que tiene entre sus obras más importantes la Capilla-relicario del Libro, en Jerusalén, 1965; Hans Scharoun, con encargos en Israel; los hermanos Max y Bruno Taut (Königsberg, 1884 - Berlín, 1967, y Königsberg, 1889 - Estambul, 1938, respectivamente), arquitectos expresionistas clave, creando este último una obra paradigmática de la historia de la arquitectura: el Pabellón de Cristal, en Colonia, el año 1914, y ambos fueron perseguidos por el nazismo a partir de 1933; Louis Isadore Kahn, nacido en la isla de Ösel-Estonia (1901) y muerto en Nueva York (1974), autor de numerosos proyectos para la comunidad judía. Todos ellos encuentran sus reflejos en la obra de Santiago Calatrava, a veces de forma muy directa. Louis Isadore Kahn, ya en sus proyectos de estudiante. O, por ejemplo, para presentar su proyecto de la reforma del Reichstag berlinés (1992) le gusta comparar su vidriada cúpula con la del Pabellón de Cristal de Bruno Taut y los espacios interiores con los visionados por Hans Poelzig (Berlín, 1869 - Berlín, 1936, uno de los arquitectos expresionistas más «explosivos»). De la misma manera que, viendo la parte posterior de la fuente de la plaza de España de Alcoy, salta enseguida la imagen del emblemático Goetheanum ideado por el antropósofo Rudolf Steiner, que lo comenzó en 1923 y lo continuó hasta 1928, en Dornach (Alemania), caracterizándose por sus excesos plásticos.

La verdad es que, por esos años, en Centroeuropa la corriente arquitectónica expresionista tuvo gran fuerza, y se veía en el hormigón un nuevo material de grandes posibilidades expresivas. De ahí también que los arquitectos trabajasen en una línea plástica similar. En ese momento, las formas de todos ellos (y con ellas su sensibilidad) admiten comparaciones con las de Santiago Calatrava, pues como él mismo confiesa: «Me interesa casi de una manera exagerada desarrollar el concepto de alta tecnología del hormigón. El hormigón no está de moda, y para mí es probablemente el material de construcción más noble de todos, en el sentido de que es capaz de adaptarse perfectamente a cualquier necesidad... Desde una perspectiva de futuro estoy seguro de que, junto al empleo del acero, el hormigón aparecerá como el gran material del siglo XX... Mi interés se centra en introducir un nuevo vocabulario, de formas blandas, de carácter surrealista, un poco acorde al espíritu del tiempo (y eso que yo no creo mucho en mi tiempo)... Un vocabulario muy basado en los conocimientos técnicos (aunque, pese a ello, mis obras no son, en verdad, un himno a la técnica).»

Sin embargo, nada tiene que ver con Santiago Calatrava un curioso fenómeno zonal: las formas de toda una escuela actual orgánica regional, que se extiende hoy día por el sur de Austria (especialmente en Estiria, en torno a la Escuela de Arquitectura de Graz) y por la vecina Hungría, con Günther Domenig y Imre Makovecz como respectivos exponentes vivos. Es un tipo de organicismo que explota más bien la misma veta que la de Rudolf Steiner y su Goetheanum. La diferencia, que es definitiva, entre ellos y Santiago Calatrava (incluyendo los expresionistas citados en los párrafos anteriores) es el depurado trabajo estructural en que éste apoya sus formas, con enorme precisión; algo que falta totalmente en este organicismo (más bien poco elegante y repulsivo, exceptuando la obra de Günther Domenig) de desordenadas masas, pintoresquista, sucio y arbitrario, y con raras excepciones de interés.

¿Si Santiago Calatrava no se hubiese dedicado a fondo al trabajo con la estructura, formándose también con mentalidad técnico-ingenieril, habría acabado siendo uno de estos organicistas? Lo que no cumple del todo es la eliminación de la dicotomía soporte-soportado que lo adscribía a la ortodoxia organicista.

Puente de Lusitania
1988-1991, Mérida

El gran arco central se ha convertido también en el símbolo de la Mérida moderna, como viene siendo habitual en los encargos que ha ido construyendo en las distintas ciudades. Aunque, como suele repetirse en torno a las obras de Santiago Calatrava, tampoco sin polémica. En este caso, por situarse muy cerca del milenario puente romano, necesariamente en contraste, formal y material, a pesar de que es fácil darse cuenta de las conexiones que este proyecto establece con el antiguo.

Puente de Lusitania
1988-1991, Mérida

Protagonizando el puente, se muestra la puerta como excavada en el hormigón masivo a modo de bóveda de cañón romana, para el paso peatonal interior, que queda elevado por encima de las calzadas laterales destinadas al tráfico rodado, en una operación de separación de circulaciones frecuente en su obra. Los quiebros en las barandillas buscan la especial expresión de ser elementos de soporte, siguiendo una forma que resuena en numerosas obras de Santiago Calatrava.

Puente de Lusitania
1988-1991, Mérida

En esta vista general del puente, de sólido arco, se aprecia el tablero apoyado en unos pilares redondeados que se implantan con la robustez del puente romano de Mérida, a pocos metros de él. Las piezas de arranque de hormigón armado dan paso a la estructura metálica pintada en blanco, de la que cuelgan los tensores de acero inoxidable brillante que relucen deslumbrantes al sol, con una vibración de brillos que se integran como parte del espectáculo arquitectónico ofrecido.

Puente de Oberbaum
1991-1994, Berlín
Elemento de iluminación urbana

La forma de este elemento evoca el expresionismo alemán del período de entreguerras, sobre todo de los primeros años de la década de 1920, cuando precisamente Berlín era un centro clave de esa tendencia, de manera especial por la acción de Erich Mendelsohn, claro precursor de las líneas que ostenta esta pieza. Se pueden ver ecos de los mismos trazos en casi todos los proyectos de Santiago Calatrava.

Por suerte, sus intereses hacen que su trabajo se acerque más al de gente como Eduardo Torroja (Madrid, 1899 - Madrid, 1961), Félix Candela (Madrid, 1910 - Nueva York, 1997) y Pier Luigi Nervi (Sondrio, 1891 - Roma, 1979), referencias declaradas por él mismo y los demás y no insistiremos en ellas.

Sin embargo, nadie comenta las similitudes de Santiago Calatrava con Eero Saarinen (Kirkkonummi-Finlandia, 1910 - Ann Arbor-Michigan, 1961), un arquitecto que apenas tuvo una docena de años para construir su arquitectura más personal. Por ejemplo, algunos parecidos se ven en los cerramientos del Kresge Auditorium (del Institute of Technology, Cambridge-Massachusetts, de 1955) y en los casquetes de las cubiertas de la terminal de la TWA (en el aeropuerto John F. Kennedy de Nueva York, realizada entre 1956 y 1962). Otros casos (como la terminal del aeropuerto Foster Dulles cercano a Washington D.C., realizada entre 1958 y 1963, o la Yale Hockeyring de la Yale University, New Haven-Connecticut, de 1956-1958) vienen determinados sobre todo también por el trabajo que Eero Saarinen en sección, como Santiago Calatrava: «La aproximación al sentido de la belleza a través de la sección me parece muy acertada. En mi trabajo, el aparato estructural, tectónico, es importantísimo, por eso insisto tanto en la sección. Y por eso la sección juega un papel tan importante, no tanto así la planta.»

Cierto, lo acertado que Santiago Calatrava se demuestra en las secciones de sus obras es rotundo, y alcanza en ellas mismas la belleza que ansía. Además, desde sus croquis puede verse que a menudo comienza a proyectar por la sección, ya se trate de un puente, de un edificio o de un mueble. Pero aunque desde ella llegue a unas formalizaciones espectaculares, se le observa un punto débil en los testeros de las obras. Esto se debe a que él puede llegar a «arrastrar» la sección ideada de manera continua a lo largo de todo el espacio a diseñar, pero la cabeza y los pies (que han de ser diferentes) no suelen encontrar una resolución suficientemente integrada. Esto se descubre por exclusión, viendo que sus proyectos más perfectos son los que se construyen precisamente por revolución de la sección y no por traslación: las obras circulares o cilíndricas. Claro que este problema no existe en los puentes, cuyos extremos simplemente se entregan al terreno. Así, quizá por la intensidad que pone en ellos, acaba tratando los edificios de forma parecida. Se ve el mismo punto débil en los puentes en que algún extremo debe quedar «al aire», sin incrustarse en el suelo (por ejemplo, el puente de La Devesa o el de Zubizuri).

Formas

«En un determinado momento me dediqué al estudio de las formas orgánicas, con las que mi obra encuentra ciertas similitudes (...) Mi trabajo es más figurativo que

organicista, en el sentido de que lo que me interesa son determinadas asociaciones escultórico-anatómicas, basadas siempre en modelos estáticos tremendamente puristas. Trabajar con estructuras isostáticas te lleva casi inevitablemente a esquemas de la naturaleza. (Un perro que se sostiene en sus cuatro patas, constituye un organismo isostático, es decir, la carga se divide según el número de patas y no hay empotramientos que no vengan de los músculos.)»

Por este camino va su investigación formal, que confiesa es continua, inspirándose en las formas naturales. Explicitando que lo suyo es una búsqueda en ellas de una «inspiración» y no de una «solución», según le comenta a Bruno Henri Vayssiere; de hecho, nunca son formas directamente trasvasadas de la naturaleza a su obra, sino elaboradas, interiorizadas: la naturaleza como inspiradora, no como mera imitación, evitando así la delimitación de la arquitectura, sino que mediante un proceso interactivo con el arquitecto le facilita su propia creación, siempre autónoma. Hasta en su tesis doctoral puso la famosa cita *Natura, mater et magistra*, que él considera todo un manifiesto (y reflexión de ingeniero). Su trabajo no se realiza sin un proceso personal intermedio de abstracción, que desde sugestiones provocadas por elementos naturales acaben convirtiéndose en obras de arquitectura. Mientras, sigue insistiendo en la idea de la inspiración, con la fuerza poética que ésta tiene, hasta el punto que cualquiera puede entender su obra como «inspirada/inspiradora» y como «poética».

Puente de La Devesa
1989-1991, Ripoll

La inclinación de las barandillas sigue la de la embocadura de hormigón armado, mostrando un gesto de acercar el pasamanos cilíndrico de acero inoxidable al usuario. Esa misma inclinación se ve reflejada en los perfiles metálicos del arco. Y que el pavimento de la pasarela sea de madera, con las tablas que dejan sus intersticios libres, será un paso más para llegar a un aligeramiento definitivo, al realizarlo en ocasiones sucesivas ya directamente en vidrio.

Estación de metro de Alameda
1991-1995, Valencia
Entrada móvil a la estación subterránea

La estación se encuentra bajo una zona pavimentada dura, con granito, diseñada por Santiago Calatrava mismo, que a su vez queda bajo su puente. De nuevo se trata de un sistema de apertura singular, que desde un plano horizontal único en posición cerrada despliega formas alabeadas en altura y quiere ser entendido como espectáculo plástico y arquitectura cinética, justamente lo que su autor aspira hacer realidad en cada proyecto suyo.

Estación de metro de Alameda
1991-1995, Valencia

Dentro del plan de reconvertir el antiguo cauce del río Turia en terreno ganado para la ciudad, aparece la adecuación de esta zona, dominada por el salto ligeramente curvo de su puente. Cuando de hecho, por haber desaparecido ya las corrientes fluviales, bien podría haberse resuelto de otra manera. Pero las intenciones arquitectónicas están por encima de cualquier otra consideración o posible valor práctico que las rebaje.

Afirma el propio Calatrava: «Sí. En realidad lo que me gusta más es el término "poética" aplicado a mi trabajo. Es evidente que en el urinario de Duchamp hay una componente poética que eleva el objeto a una determinada calidad, dentro de un contexto muy preciso. En este sentido, tal vez el ejemplo de Duchamp no esté mal elegido y por esto me gusta aquella palabra. En el fondo, en el vocabulario del ingeniero existe una importante dimensión intrínseca que hace que, a través de un gesto poético, se pueda llegar –espero– a la emoción, que es el hecho artístico, mediante un sencillo mecanismo de selección de elementos de aquel contexto y su posterior coordinación de un modo determinado.»

Ante su mención, vale la pena añadir que el artista francés Marcel Duchamp (1887-1968) consiguió con ese urinario, titulado por él mismo *Fountain*, en 1917, uno de los saltos en el vacío más definitivos para el arte, un retorno al «punto cero»: en este caso para la escultura, como por entonces hizo para la pintura Kasimir Malevich con su *Cuadrado blanco sobre fondo blanco* de 1918, y sólo mucho más tarde (en 1967) realizó Hans Hollein para la arquitectura con su *Kit para el control no físico del ambiente*.

Y si de inspiración en las formas de la naturaleza se habla, hay que citar al «campeón», que esta vez puede introducir el mismo Santiago Calatrava: «La obra de Gaudí me parece modélica en todos los sentidos (...) he estudiado con atención la obra de Gaudí y la sigo todavía con admiración casi de aprendiz (...) me interesa la arquitectura de Gaudí para estudiar su obra y sus soluciones de diseño, para analizarla desde un punto de vista conceptual.» Esta cita no podía faltar aquí, pues Antoni Gaudí se inspiró como nadie en las lecciones estructurales, geométricas y plásticas de la naturaleza, como ahora él mismo.

Por otra parte, en sus blocs de croquis está lo más valioso para un estudio del trabajo de Calatrava. Desde ellos se puede recomponer la génesis de sus proyectos, uno a uno, o sea, entender de qué fuente fluye la inspiración de sus formas.

Ciutat de les Arts i de les Ciències
1991-2001, Valencia
Hemisférico abierto

Aquí se incluye planetario, cine 3D e imax. Con la excusa de tener que construir un espacio esférico, deja esa esfera lo más exenta posible, rodeada de un foso por el que se accede. Luego, con la cubierta de todo ello en suave curva convierte en realidad su sueño de construir, por fin, un gran ojo, que incluso abre y cierra sus párpados, como original cerramiento vítreo que permite que el espacio fluya hacia el exterior.

Ahí se aprecia que todo ejemplo relativo a su proceso de proyecto es impresionante. Véase cómo genera, por ejemplo, sus edificios con «cubierta de casquete», como la estación de ferrocarril del aeropuerto Saint-Exupéry, el planetario de la Ciutat de les Arts i de les Ciències, o más concretamente su sala de conciertos en Tenerife (iniciada en 1991). Se trata de una vía múltiple de constante interacción mutua. Lo que se tendría como mera inspiración en un trabajo ajeno, en concreto en la ópera de Sydney (por una similar concepción de casquete) de Jorn Utzon (arquitecto danés, que nació en Copenhague en 1918 y tiene su despacho profesional en Mallorca), resulta que viendo sus croquis la cuestión resulta mucho más compleja.

Por ejemplo, en su bloc de croquis número 19, guardado en el archivo de su estudio, se aprecian diferentes entradas al proyecto, a considerar prácticamente como simultáneas (aunque sí puede llegar a establecerse qué dibujo iba justo antes y cuál después), ya que puede entenderse realizado todo en un mismo día, del mes de enero de 1991, ilustrándose en páginas consecutivas.

Pues bien, una de las imágenes que le viene a la mente es la de un cráneo perteneciente a un cérvido, de modo que, dispuesto sobre un plano horizontal, sus curvadas astas llegan a tocarlo. Este hecho es el que acumula la tensión creadora (y física) y hace que Santiago Calatrava diseñe primeramente la sala de conciertos con su aguda cubierta saliente tocando el suelo en su punta final (parecido a la estación mencionada). ¿Qué ha ocurrido en medio? Explicado apresuradamente, un simple cambio de escala en el que Santiago Calatrava está muy ejercitado. Y es que el cráneo es hueco, constituido con un grosor relativamente pequeño y fuerte, en cuyo interior se resguarda un espacio, que una vez aumentado a la escala conveniente se

convierte en un espacio arquitectónico. Sin embargo, todo esto es justo lo que no se es ni consciente de asumir, es lo que está en lo subliminal, mientras lo que parece mover de verdad es mucho más pasional, es la fuerza con que una imagen lucha dentro de uno mismo para lograr ser expresada.

Entonces aparece la segunda imagen, la del casco griego. También, como si fuera una maqueta, resguarda a su vez un espacio dentro de la delgada superficie que conforma su volumen. No obstante, los penachos tan característicos de los cascos griegos «no tocan el suelo», como ocurría en el caso anterior. Así, este segundo croquis es cambiado de escala y considerado como el edificio de la sala de conciertos. Es evidente que a su favor está el que sus formas son mucho más sencillas y rotundas, como para una trasposición más inmediata. Pero por medio aún se mezclará una idea muy distinta a esas dos, relativas a casquetes, aunque también de procedencia anatómica: la forma del pecho de un hombre, que supone en su interior también un espacio (la caja torácica), le hace pensar en una entrada formal muy distinta; pero no progresa y vuelve al tema del casco griego. Finalmente, el hecho de que el desarrollo que hace en torno al perfil de la sala tenga cierto parecido con un ave, y que la sugerencia de movimiento y vuelo sea tan grande, le hacen decidirse por esa forma, que a partir de ahora sólo sufrirá ajustes formales (no conceptuales) en su adaptación a la ubicación y al programa.

Vista hasta aquí la explicación del proceso creativo-proyectual mediante este ejemplo, puede considerarse aplicable el mismo modo de trabajo a todos sus proyectos. Y otras muchas formas son susceptibles de sugerir imágenes a Santiago Calatrava, que hallan su fácil seguimiento por los dibujos de los blocs. Entre otros pueden destacarse los croquis de toros, animal que le inspira desde muchos puntos

Ciutat de les Arts i de les Ciències
1991-2001, Valencia
Lateral del Umbráculo

En esta zona se distinguen claramente las aberturas del aparcamiento situado bajo el paseo superior. Éstas se abren como linternas que por el color de su embocadura teñirán la luz sutilmente de azul. Y se toman justamente estos dos colores, azul y blanco, como los más característicos de la tradición cerámica local. Aunque, como en el resto de sus obras, ésta se disponga siguiendo la técnica del «trencadís» de Gaudí, declarando así una referencia bien explícita.

PROFLYING

Ciutat de les Arts i de les Ciències
1991-2001, Valencia
Estructura arborescente

Esta estructura corresponde al interior del Museo de las Ciencias «Príncipe Felipe». La misma irá soportando primeramente las dos grandes bandejas horizontales que conforman los pisos del museo. Luego, desplegando ya todas sus ramas, llegarán a apoyarse los arcos de la cubierta.
No obstante, este tipo de estructura permite otra vez ofrecer dobles lecturas en su funcionamiento estructural, o bien se lee así, como «árboles» autoportantes, o en continuidad uno con otro, como arcos poligonales.

Ciutat de les Arts i de les Ciències
1991-2001, Valencia
Estructura interior

La ilustración muestra el encuentro interior de la estructura con el vidrio de la fachada norte en la zona de la cubierta, que por orientarse así no necesitará protección solar alguna.
El despiece de las carpinterías siempre tendrá esa dominante horizontal, aunque se module en quiebros que dotan la fachada de mayor plasticidad, a la vez que recrea todo un juego de brillos y transparencias. También, el movimiento de las líneas rectas del cerramiento permite reseguir las formas alabeadas.

de vista en tantísimos proyectos: desde su cabeza, su cornamenta, el movimiento de su embestida, y hasta su silueta, dibujada en sus blocs casi como las conservadas entre las pinturas paleolíticas de la cueva de Altamira, con toda su fuerza sintética. Sin duda, por su frecuente aparición, raíces y antigüedad, podría considerarse el animal más ligado al carácter y la cultura de los habitantes de la «piel de toro» (cuya negra silueta campea por España, en lo que fueron anuncios de Osborne), por lo que no es extraño que lo rescate Santiago Calatrava una y otra vez de su subconsciente; más, cuando al vivir en el extranjero la nacionalidad original de la gente suele enfatizarse de forma automática, como mecanismo de autoafirmación de la propia personalidad. Aquí cabría traer a colación un hecho curioso, de su tan admirado Le Corbusier. Éste, en un viaje a la India para realizar sus trabajos en Chandigarh, dibujó hacia 1951 unas cabezas de toros indios (animal que por su consideración sacra es también propio de la cultura local); pues bien, se descubre su cornamenta colocada en el edificio del Secretariado de esa nueva ciudad; pero se observa que la trasposición de formas en este caso tiene un carácter escultórico-literal muy distinto del modo de inspiración que ejerce sobre Santiago Calatrava, mucho más integrado en la estructura y esencia misma de sus obras.

Ideas

Fluyen también ideas más conceptuales que formales, que acaban por constituir toda una fuente de inspiración. Responden a una necesidad de expresión desde el interior de Santiago Calatrava mismo, y no tanto al resultado de una impresión desde el exterior que le rodea. En ese sentido, el trabajo de Calatrava se identifica más con un sistema expresionista que con uno impresionista, no limitándose estos calificativos al movimiento estilístico histórico, sino más bien a unos procesos artísticos de creación válidos para cualquier época.

Dentro de todo ello cabría el ver cómo Santiago Calatrava traza sus croquis e imágenes (de las que parten sus proyectos), de memoria, no fruto de una directa impresión de lo que está viendo, sino como producto de una síntesis interior; a este respecto es muy clarificador ver como trabaja/dibuja, con líneas siempre expresivas, que salen «de dentro», continuas, finas y libres, como la araña o el gusano de seda, que lanzan con rapidez su transparente hilo, casi como desde su vientre (parte psicológicamente más interna de lo corporal), sin parar.

Pues bien, dentro de esas ideas (fuente de inspiración), pero siempre procediendo de su interior, había una que se debe destacar muy por encima de las demás, la idea de movimiento y todo lo que de ella se deriva.

«La plegabilidad y la movilidad son aspectos que cada día me interesan más. Al principio tuve que sobrevivir con el despacho, ahora quizá tengo algo más de tiempo y puedo dedicarme a hacer máquinas, o cosas así... (lo de la plegabilidad no es que lo haya inventado yo, existe desde siempre). A mí me interesa sobre todo la idea del aparato cinemático aplicado a la construcción (...). Vamos a hacer que las cosas se muevan, se balanceen ¡O lo que sea! ¿Qué te diría yo?: exasperemos un poco estos temas en aquellos objetos susceptibles de moverse: puertas, ventanas, armarios, marquesinas... Y vamos a intentar que el movimiento sea explícito. A introducir el aspecto dinámico... De esta forma realmente entras en un contexto completamente nuevo. ¡Mover una cosa...! ¡Es casi demasiado...! A mí me resulta muy excitante...» Son palabras muy reveladoras de Santiago Calatrava, que permiten hacerse una idea bastante exacta de su percepción, de su sensibilidad y de sus necesidades de expresión.

Y, ¿cuál es el movimiento más idealizado por el hombre? Sin duda el volar... y si a Santiago Calatrava tanto le atrae el hecho del movimiento y su expresión, qué menos que expresar el vuelo como el movimiento «más alto». Es entonces cuando

Estación de ferrocarril del aeropuerto Saint-Exupéry
1989-1994, Satolas-Lyon

De nuevo la simetría estricta rige este generoso espacio, en este caso el vestíbulo principal de la estación, con otros subelementos de menor escala en su interior, para resolver las distintas necesidades funcionales y su distribución. Pero también éstos proviniendo de la misma familia de inspiraciones y metáforas. Y en esas posibilidades que ofrece la obra de Santiago Calatrava, de ser interpretada desde diversos puntos de vista simultáneos, la cubierta de todo este espacio puede volver a entenderse como el trazado de un amplio puente.

Estación de Oriente
1993-1998, Lisboa
Pérgola

La misma idea de estructuras autoportantes arborescentes va apareciendo en sus sucesivos proyectos de maneras algo distintas, como se ha visto ya en su museo valenciano. En el caso presente de Lisboa, además, declara de manera bien explícita su condición de pérgola ligera por encima del edificio más pesado, en una estrategia utilizada también como pérgola para el pabellón de Kuwait, pero en cierta forma presente incluso en todos sus puentes.

salen en su obra tantas «metáforas» relacionadas con el volar, con el desplegar las alas, con el dibujo de pájaros…

Pues resulta que el volar genera en su desarrollo una curva: son las curvas que dispara Santiago Calatrava al aire, mientras dibuja sus rápidos croquis, que por ser el cuerpo del hombre como es, en el trazo de una línea es más inmediato y natural la curva que la recta (se gasta menos energía), puesto que el brazo/antebrazo está unido a un punto (hombro/codo, respectivamente) y como tienen una longitud fija, al trazar una línea se convierte en el radio del segmento de circunferencia resultante. Son curvas que adoptan en Santiago Calatrava cualquier forma o proyecto, pero siempre con esa vocación de despegarse del suelo.

De hecho, es el mismo movimiento que se crea al lanzar un puente hacia el vacío que debe salvar. Toda su obra puede llegar a reducirse a esta idea, sus puentes por supuesto, pero también sus edificios pensados con enormes salientes, cubiertas enteras concebidas como voladizos, arriesgadas secciones, mobiliario incluso, y hasta sus esculturas, que, como apunta José Quetglas: «Puentes hay que llamar, sobre todo, a las esculturas de Santiago Calatrava: esas figuras de transición, repartidas a lado y lado de un hueco, o que saltan tendidas sobre vacíos escalonados que cuidan no tocar. ¿Adónde llevan?»

Dice el propio Santiago Calatrava: «Es evidente que el puente es un elemento muy interesante, no sólo a nivel simbólico por el hecho de conectar, por el esfuerzo de pasar de un lado a otro.» Sí que ve el interés como símbolo conciliador que un puente supone: en ese sentido es revelador, por ejemplo, lo que anota en su bloc de croquis número 41: «En Berlín hay que suprimir "barreras" y unir "voluntades"», mientras proyecta para esa ciudad el puente de Oberbaum (1991-1994), que precisamente debe unir los dos sectores en que antes se dividía la urbe. Unas esculturas desoladas por la separación colocadas en los extremos ilustrarían el significado de la obra, y del puente en general. Un complemento al tema sería recordar que en la Centroeuropa en que Santiago Calatrava opera existieron el grupo expresionista *Die Brücke* (El Puente) y los arquitectos expresionistas que aprecia Santiago Calatrava, citados anteriormente.

Pero, sobre todo, también, encuentra en el puente un fuerte atractivo plástico (con un punto de vista escultórico, como se diría de manera convencional equivocada), como expresión de ese movimiento de lanzamiento-despegue glosado hasta aquí. Pero cabe pensar que un puente no deja de ser un camino, y que Santiago Calatrava lo trata como un acontecimiento espacial, tanto para los peatones como

Estación de Oriente
1993-1998, Lisboa
Estructura inferior

Esta estructura se muestra con el correspondiente despliegue de arcos y las entradas de luz natural a través de dobles alturas, en el centro del edificio bajo los andenes de ferrocarril. En este caso, por conseguir la máxima economía necesaria en el desarrollo de este proyecto, el hormigón armado se ejecutó en color gris, como excepción en sus obras. Y esto es algo que se notará en gran manera al apreciarse que todo él acaba siendo más oscuro de lo que es habitual en su arquitectura.

Aeropuerto de Sondica
1990-2001, Bilbao
Edificio principal

Este edificio se muestra él mismo como avión aerodinamizado, de amplios voladizos y brillantes alas, a punto de lanzarse al vuelo. La aparente simplicidad y unicidad exteriores encontrarán luego una plasticidad más compleja en el despliegue de las nervaduras interiores de la cubierta, auténtica protagonista por dentro y por fuera de esta obra. Al igual que en el puente de Zubizuri, en esta misma ciudad, domina la sensación de liviandad.

para los vehículos, pero incluso, tal como él mismo refiere, también para los vagabundos que puedan llegar a dormir debajo de los puentes. Así pues, si él proyecta sus puentes como caminos y como espacios, se corresponde justo a lo que él mismo es por titulación oficial: el que proyecta los caminos es el ingeniero (de caminos) y el que proyecta los espacios es el arquitecto.

Por último, cabe comentar una de las ideas (y también formas, claro) más recurrentes y susceptibles de inspirar a Santiago Calatrava, el cuerpo humano mismo, su movimiento y posturas en general, aunque también su anatomía en particular. Pues desnudas aparecen siempre las figuras humanas en sus dibujos, como guiadas por los mismos intereses que los desnudos de Miguel Ángel Buonarroti (pintor, escultor, arquitecto y poeta florentino, el más grande artista del Renacimiento, que vivió entre 1475 y 1564), y en contraposición a toda la generalidad de los arquitectos e ingenieros, que sí grafían sus proyectos con personas siempre vestidas, para dar mejor una sensación de realidad a sus proyectos. Pero Santiago Calatrava prefiere que se vean con más precisión las líneas de las fuerzas operantes, las tensiones que recorren el cuerpo humano en las diferentes posiciones que puede adoptar, y hasta qué punto éstas pueden llegar a convertirse en líneas maestras de sus proyectos: reflexiones gráficas de las fuerzas de torsión, que es el único movimiento que un crucificado puede hacer, o las inclinaciones a adoptar en la realización de voladizos y de soportes-pilares en diferentes proyectos, viendo las posturas que un cuerpo humano adopta en un lanzamiento, en el sostenimiento de un objeto, en un salto: todos ejemplos sacados de los numerosos dibujos recogidos en sus blocs de croquis.

¿Conclusiones?

Si su arquitectura es expresión de movimiento, a todo nivel, movimiento de fuerzas internas, movimiento aerodinamizado, movimiento metafórico, movimiento como tema de fondo, como en el futurismo histórico; cuyas formas, de hecho, evocan automáticamente la idea genérica de «futurismo» a todos; si es incluso una arquitectura realmente móvil, como en el cinetismo; si recoge una marcada plasticidad, como en el expresionismo; si introduce figuraciones oníricas, como en el surrealismo; si sus esculturas son abstracciones de geometrías puras, como desde el abstraccionismo cubista-neoplasticista-constructivista hasta el minimalismo; si al final desarrolla también la superación moderna de la dicotomía clásica soporte-soportado con estructuras unitarias, como en el organicismo; si prácticamente sólo utiliza los tres materiales reivindicados para la arquitectura moderna, hormigón, acero y vidrio; si además se concentra en exclusividad a trabajar con las tipologías de la modernidad, estaciones, aeropuertos, torres de comunicación, y puentes, como símbolos de la comunicabilidad moderna; si su arquitectura es realmente una perfecta concepción global de espacio y estructura, de «arte y técnica», como en el lema de la segunda Bauhaus; si crea de manera completa desde la unión de la razón y la emoción, de lo objetivo y lo subjetivo, como en el mejor Antoni Gaudí, como en el mejor Le Corbusier… ¿no estaremos ante una figura clave, síntesis de las vanguardias artísticas, para el cierre de todo un siglo y el comienzo de otro? Un Jano, un fin de algo y comienzo de lo siguiente, con dos caras: Santiago Calatrava, para los siglos XX y XXI, como el mismo Antoni Gaudí lo fue en todo el mundo para los siglos XIX y XX.

Aeropuerto de Sondica
1990-2001, Bilbao
Edificio principal

Bajo el gran voladizo nervado, vista del acceso al espacio del vestíbulo principal de «salidas», en la parte superior de la terminal y con entrada a pie plano. Por debajo quedará el nivel de «llegadas», con un acceso rodado independiente y bien integrado en el paisaje por los desmontes de tierras con los que se ha modelado toda la zona. Las reminiscencias con la obra de Eero Saarinen son inevitables, más cuando se trata aquí del mismo tipo de edificio, una terminal de aeropuerto.

Arquitectura blanca

«He perforado la pantalla azul de las limitaciones coloreadas, *he llegado al blanco*, avanzad detrás de mí, camaradas (...) ¡Avanzad! El abismo libre blanco, el infinito está delante de vosotros», espetaba Kasimir Severionovich Malevich (artista ruso nacido en Kiev el año 1878 y muerto en Leningrado en 1935) en el catálogo donde presentaba sus cuadros blancos sobre blanco, en la Segunda Exposición Nacional en Moscú, de 1919. Pero tan sólo una persona se atrevió realmente a perforar esa «pantalla azul de las limitaciones coloreadas», a traspasar «el reverso del cielo coloreado después de desgarrarlo», como sigue consignando su catálogo, e hizo su incisión en la tela inmaculada: jamás, a borbotones, tanta sangre ha brotado (y lo sigue haciendo, ya sin posibilidad humana de cicatrización) por una de las heridas más penetrantes que nunca antes se habían ejecutado en este mundo. Ese fue Lucio Fontana, pintor y escultor italiano, nacido en Rosario de Santa Fe, Argentina, en 1899, y muerto en Varese-Milán, Italia, en 1968, autor además del *Manifiesto Blanco*, de 1946.

Cerremos los ojos... ¿Cuál es el primer artista valenciano (valenciano como Santiago Calatrava) que viene a la mente? Joaquín Sorolla, pintor español, nacido en Valencia en 1863 y muerto en Cercedilla, Madrid, en 1923. Ambos no existirían tal como son sin el clima, el mar y la luz mediterránea que disfrutaron. Y al igual que en Santiago Calatrava, esa geografía vivida y sus concretas características, de contexto, destilan en Joaquín Sorolla sus texturas blancas, sus telas radiantes (de sol), sus brillos entre cálidas luces y frescas sombras, o sobre las mojadas pieles. Además, «en el fondo se es de donde se viven los primeros veinte años de la vida de uno», comentó Santiago Calatrava, sabiendo que se refería a Valencia y al Mediterráneo. Haciendo ver así lo poco que importa para su plástica el que viva tanto tiempo bajo los grises cielos de Zurich (y también de París, en determinadas temporadas), tan lejos del mar y su luz. De hecho, esto es más fácil para la arquitectura, por depender de una proyección abstracta, como la música: no así con la pintura.

Los títulos de Joaquín Sorolla (todo óleos sobre tela) como *Niños a la orilla del mar*, *Niños en el mar* y *Niños en la playa*, lo dicen todo. ¿Y *El baño del caballo*?, más sabiendo que el caballo precisamente es blanco (!), como blancos son los largos vestidos de sus cuadros; y fácil de adivinar es el color de la tela de *Cosiendo la vela*. Por si hubiese dudas todavía, a otras pinturas las llama *El bote blanco* o *Rosas blancas*...

Uno definitivo: ¿el fondo?, una pared blanca... sábanas blancas, mullido almohadón blanco, el destello de una alianza en su dedo, *Madre*... su cabeza y manos (y las de su hijito) es el único toque de color, cuando el blanco ya es un concepto. Blanca es la pintura de Joaquín Sorolla (como blanca es la escultura de Miguel Ángel Buonarroti), como blanca es la arquitectura de Santiago Calatrava, todo ello más allá de su mera blanca fisicidad.

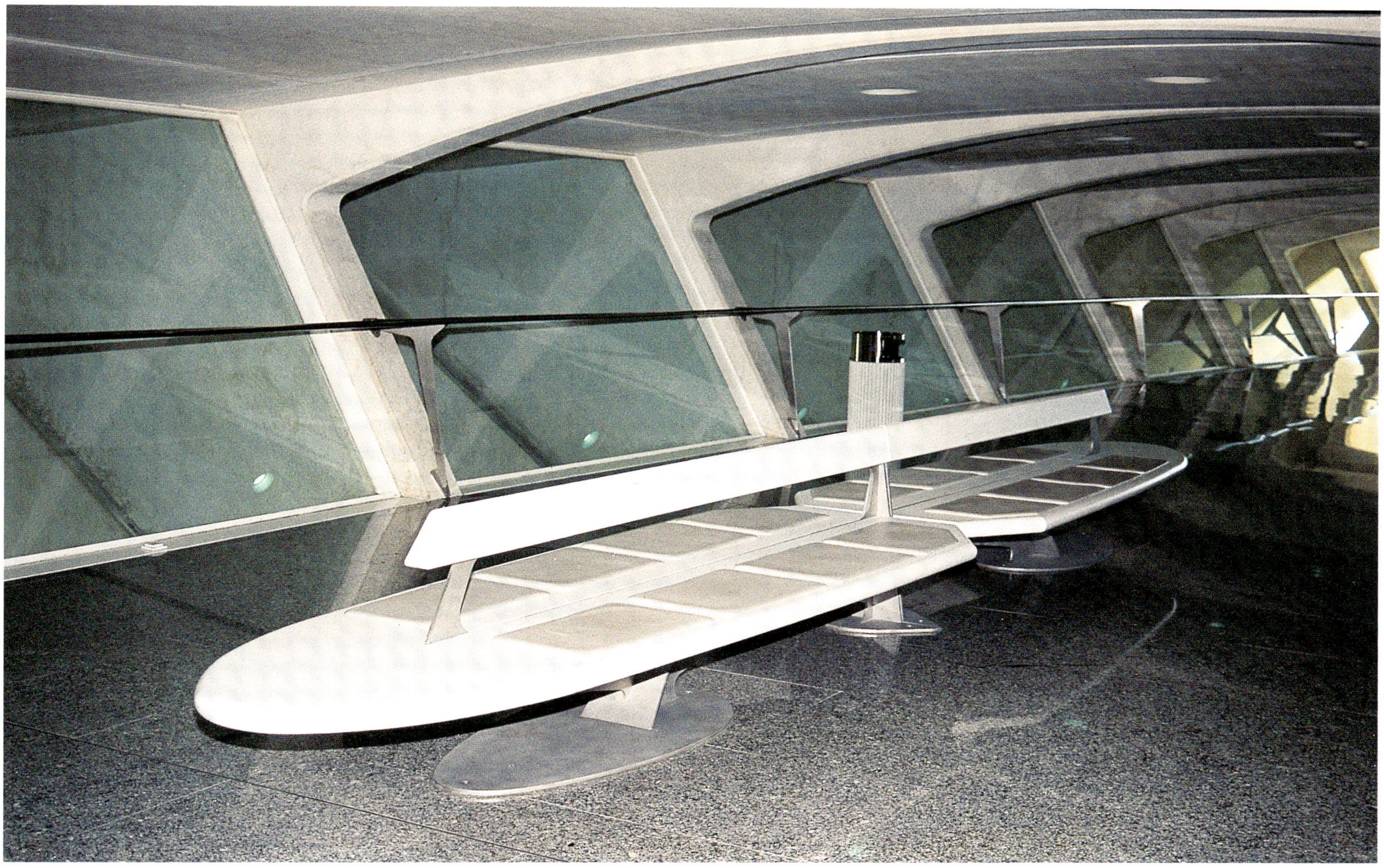

Aeropuerto de Sondica
1990-2001, Bilbao
Banco

Destaca este banco por sus formas aerodinámicas en voladizo. La elección de este tipo de estructura y de unas líneas formales «veloces» para esta pieza de mobiliario está en perfecta sintonía con las intenciones arquitectónicas de Santiago Calatrava, que introduce una inquebrantable unidad de criterios cualquiera que sea la escala del objeto que diseña. Todo quedará integrado en sus espacios, todo salido de su mano, ya se trate de un banco, una papelera, una lámpara o una barandilla.

El «ataúd blanco», al que sólo los niños tienen derecho… («voces blancas»), la inocencia, la ingenuidad, base de la creatividad infantil, buscada por gran parte de las vanguardias históricas: «¿No son los niños creadores, que crean directamente a partir del misterio de sus sensaciones?», se pregunta el pintor alemán August Macke (nacido en Meschede, Westfalia, en 1887, y muerto en Champagne en 1914, en la I Guerra Mundial) en su artículo *Las máscaras*, publicado en el famoso Almanaque de *Der Blaue Reiter*, editado por Piper & Co. en Munich el año 1912.

Los niños son capaces de sorprenderse por todo y de establecer relaciones siempre nuevas con lo que les rodea; el «misterio de sus sensaciones» se va desvelando a machetazos, a medida que van perdiendo esa ingenuidad y se hacen «resabiados». Y junto a ella olvidan también su frescura creativa. De hecho, se ha ido constituyendo un auténtico cliché en torno al artista fuertemente creativo, considerándolo un poco como un «niño grande». Pues no se anda tan errado con ese estereotipo; véase, por ejemplo, la obra de Antoni Gaudí o la de Joan Miró, llenas de pequeños detalles de delicada ingenuidad.

Antoni Gaudí llenó su obra de florecillas y bichitos, como haría también Joan Miró en sus pinturas (nacido éste en Barcelona en 1893 y muerto en Palma de Mallorca en 1983). Y viendo las palomas y toros que Santiago Calatrava siempre dibuja, se podría recordar aquí a otro artista, famoso por similares dibujos, Pablo Ruiz Picasso, también procedente de la zona mediterránea. Así, con Santiago Calatrava mismo, capaz de dibujar una cara o una ingenua figurilla en cualquier trozo de papel que tenga a mano, aunque cada minuto que pasa juega en su contra, porque el machete más afilado son las consecuencias de la fama, que ya le ha empezado a cercenar.

Ciutat de les Arts i de les Ciències
1991-2001, Valencia
Umbráculo

Dispone el Umbráculo de un paseo a modo de mirador sobre el conjunto y del edificio del aparcamiento debajo. Santiago Calatrava, que como excepción a la regla sí es profeta en su tierra, multipremiado y reconocido en vida, admirado por cada vez más gente, profetiza en su Valencia natal con una arquitectura que popularmente se percibe enseguida como futurista. Aunque por esto mismo se implanta con un contraste muy fuerte en relación a su entorno.

Ciutat de les Arts i de les Ciències
1991-2001, Valencia
Umbráculo

Desde sus primeras obras, como la estación de ferrocarril de Stadelhofen, en cuanto le es posible por las características del encargo, Calatrava procura integrar distintos elementos como pueden ser paseos y pérgolas que le ayuden a modo de catalizadores paisajísticos. En este caso, este tipo de estructura parabólica del umbráculo ya la había experimentado en menor escala en la escuela cantonal de Wohlen.

Los ornamentos litúrgicos blancos, indicados para fiestas y solemnidades, el blanco traje de novia o los de la primera comunión, e incluso los del bautismo, que antes también eran siempre blancos. *Vestidos blancos* cargados de significados, y aunque, según los casos, puedan quedar tan sólo en la esfera de lo subliminal, son significados conocidos por todos, sea cual fuere el nivel en que se encuentren; significados que se expresan mediante el hecho físico de que el color blanco es el que irradia más cantidad de luz. Así que, en realidad, se busca la luz, para que sea ésta la que represente conceptos abstractos idealizados: alegría, virginidad, pureza, limpieza, inocencia...

Blanco también expresa lo sublime, lo perfecto... «¿Quién es (...) el que relata un cuento mejor que todas nosotras? El silencio. ¿Y dónde se lee una historia más profunda que en la página mejor impresa del libro más valioso? En la página en blanco. Cuando la pluma más finamente cortada, en su momento de mayor inspiración, ha escrito un cuento, con la más preciada tinta ¿dónde podrá leerse un cuento más profundo, dulce, alegre y cruel? En la página en blanco.» Palabras de Isak Dinesen en *Últimos cuentos* (1990).

Blanco, que es por excelencia el color de la arquitectura adscrita al Movimiento Moderno. También porque blancas eran las cúbicas casas de los pueblos mediterráneos, o blanco se ve el Partenón. Blanco, el color que mejor queda bajo el luminoso azul cielo mediterráneo. Por todo eso se puede ver blanca su arquitectura: modernidad, mediterraneidad. Y son blancas sus maquetas, que las hace fotografiar siempre en un pulcro blanco y negro, como expresión más cercana a los resultados arquitectónicos así buscados, que luego se levantarán en hormigón blanco, pintando también de blanco las partes metálicas de todas sus obras: huesos blanqueados al sol, como la gran caja torácica de un enorme dinosaurio (al fin y al cabo se está inspirando en el blanco esqueleto de un perro).

Pero hay que considerarlo más allá de la materialidad/inmaterialidad del color/no-color: blanco también por su racionalidad, por su integridad, por su purismo, por su claridad estructural, espacial y compositiva. Cierto que piensa

Aeropuerto de Sondica
1990-2001, Bilbao
Aparcamiento

Frente a la terminal principal aparece como incrustada en la montaña la fachada vidriada del aparcamiento, constituida interiormente mediante una estructura de barras metálicas pintadas de color blanco, que conforman sus características formas alabeadas. Este edificio, medio camuflado en su implantación, se une con la mencionada terminal a través de un corredor semienterrado que trabaja las entradas de luz natural de manera que su recorrido se llene de interés.

Milwaukee Art Museum
1999-2001, Milwaukee
Quadracci Pavilion

Frente a la horizontalidad del aparcamiento del aeropuerto de Sondica, el pabellón central de este museo retoma la fuerza dinámica de obras anteriores de Calatrava, combinando de manera espectacular el mástil del sevillano puente del Alamillo y la transparencia geométrica del bilbaíno puente de Zubiri.

Saludos
IMQ
Bienvenidos - Ongi etorri - Welcome
GRAN CASINO
NERVION
BILBAO
JCDecaux
Airport

Auditorio
1997-2003, Santa Cruz de Tenerife

Las formas orgánicas combinadas con composiciones futuristas definen el perfil de este auditorio que, en su corporeidad, se asemeja a una gran escultura, que destaca en el paisaje colindante.

Santiago Calatrava así de pura su arquitectura, blanca, que se refleja en que sus proyectos gozan de esa claridad estructural, espacial y compositiva, y que como él mismo dice «cada vez más estoy tentado por las formas simples, por minimizar».

¿Y qué más es blanco, más allá de lo físico? La *magia blanca*, siempre en contraposición a la negra, como el *ethos* al *pathos*, como el *eros* al *tanathos*: Las cuatro fuerzas desgarradoras de vida, que también pueden llegar a polarizar determinadas arquitecturas. Pues, la arquitectura de Santiago Calatrava no es una arquitectura del *tanathos*, de la muerte, del lloro desesperado, de la problemática grave y profunda, oscura y desconocida. Tampoco es arquitectura del *eros*, de lo erótico, de la carcajada animal, de la sensualidad ligera y superficial, artificial y hueca. Ni por supuesto es arquitectura del *pathos*, de lo patológico, de la mueca falsa, de la probabilidad maligna y dañina, enfermiza y desagradable, definitivamente negra. Es,

Biblioteca de la Universidad
2004, Zurich

La utilización de las formas curvas, la amplitud diáfana del espacio interior y la luz como elemento arquitectónico, confieren a esta biblioteca un carácter a la vez utilitario y estético, dos de los principios básicos de la arquitectura, junto a la solidez constructiva. Es decir, la utilitas, venustas *y* firmitas *vitrubianas.*

Turning Torso
2005, Malmoe

Como un gran monumento, la forma helicoidal de este edificio destaca en el paisaje urbano, convirtiéndose en referencia visual de la ciudad de Malmoe. Calatrava cambia también la función del rascacielos como edificio de oficinas en viviendas.

sin embargo, esta vez sí, la arquitectura de Santiago Calatrava, una arquitectura del *ethos*, de lo ético, de la mirada clara, de la concepción benévola y sencilla, suave y bella, blanca.

Pero, no filosóficamente hablando, sino más bien según un modo intuitivo, hay algo más metafísico en todo ello al definirla como arquitectura blanca. Para ilustrarlo, también se puede hacer una criba de palabras de ese signo concreto. Así, es sintomático ver hasta qué punto se citan entre los discursos de Santiago Calatrava las siguientes palabras y sus derivados: «belleza» (el concepto más repetido con diferencia), «bondad», «orden», «sencillez», «simplicidad», o relativos a los adjetivos «bonito», «interesante», «puro»; todo palabras desde las que se rastrea también esa «arquitectura blanca»; las mismas que usa otro «arquitecto blanco», Ludwig Mies van der Rohe (arquitecto alemán, nacido en Aquisgrán en 1886 y muerto en Chicago en 1969), inventor de la «máxima blanca» por antonomasia: «menos es más».

Como blancas son las palomas de la paz (bandera blanca), grafiadas por Santiago Calatrava en todos los rincones de sus dibujos, con las que además inicia siempre las portadas de sus preciosos blocs de croquis, contenedores de toda su alma creativa.

Ciutat de les Arts i de les Ciències
2005, Valencia
Palau de les Arts Reina Sofía

Con este edificio Calatrava culmina su intervención en el conjunto de la Ciutat de les Arts i de les Ciències. Este palacio de la ópera se diferencia de las otras dos construcciones -Museo de las Ciencias y Planetario- por su configuración, que combina las formas cerradas con la estructura acristalada, proyectándose como la proa de un barco sobre el espacio circundante.

CALATRAVA EN LA CRÍTICA

«Valor auténtico por las premisas culturales que le mueven: la formación y la información que dispone, la tradición a la que se conecta. Valor seguro para la creatividad de que ha dado prueba: con la originalidad en plantear los problemas, con la profundidad de las innovaciones, con la capacidad de elaborar y articular las soluciones dominando todos los aspectos: de los estáticos, estéticos, ejecutivo-tecnológicos, a los económicos. Santiago Calatrava Valls es artistaingenieroarquitecto (*sic*). Artistaingenieroarquitecto, palabra única, desembarazada de todo signo de conjunción y, por tanto, de escisión implícita, es forma monstruosa, pero al mismo tiempo exacta para expresar la íntima conexión de los términos que caracterizan su formación y la originalidad de su trabajo. Artista, por la creatividad que le permite afrontar, por una parte, los problemas de ingeniería con el conocimiento histórico y la sabiduría formal que es propia de los mejores arquitectos, y, por otra parte, afrontar los problemas arquitectónicos con la actitud del ingeniero: esencialidad y precisión. Como escultor, en fin, es ingeniero en el plano conceptual por los temas, y arquitecto en el plano formal por su puesta en escena.»

Fabio Reinhart, *Declaración a favor de Santiago Calatrava* (1984)

«La zarza que arde sin consumirse, el mar que se aparta para dejar paso, las cifras, los caracteres: son figuras posibles en el lenguaje, pero irrepresentables para la imaginación visual, es decir, para la memoria. Verlas supondría un primer instante de incredulidad, de comprobación: su carácter oculta su interior, más que lo revela; su aspecto encubre una esencia, más que la ofrece. La imaginación que tenemos no las representa a ellas, sino a su verdadera imagen, que nunca sabremos. Algo igual parece ocurrir con las formas de Santiago Calatrava. Pese a su aparente procedencia directa del cálculo estructural y del comportamiento de los materiales, son semejantes a aquellos enigmas envueltos y fotografiados por Man Ray o a aquella capa blanca que vuelve vaporosos los objetos de Poe. La superficie de esos cuerpos –de Calatrava, de Ray, de Poe– no es la salida al aire de un interior que se produce, sino el campo de tangencia, el puente, entre una imagen, que queda de este lado, y un fondo para siempre inescrutable, que queda del otro lado de la superficie.»

José Quetglas, *El escrito sobre Calatrava* (1989)

«No resulta fácil abordar el tema de Santiago Calatrava, la naturaleza de su obra escapa a cualquiera de las nociones comúnmente aceptadas de práctica constructiva. Ni es sólo un ingeniero, ni es sólo un arquitecto y, por otra parte, desborda los límites de lo que se entiende por ejercer estas profesiones realizando unos proyectos que desafían a ambas. Acaso, su aportación más significativa se registre en los dos niveles independientes que actualmente han pasado a ser el *fulcro* sensible del espectro comprendido por el ejercicio de la arquitectura y de la ingeniería. Este par de niveles se caracteriza como sigue: en primer término, por la invención y elaboración de componentes arquitectónicos sin precedentes con los que revitalizar la decadencia sintáctica de la arquitectura contemporánea; en segundo lugar, por la expansión de los encargos de ingeniería hasta convertir los artefactos técnicos en "formas locales" concebidas como intervenciones monumentales con las que utilizar las posibilidades topográficas y operativas que posee el tejido urbano existente.»

Kenneth Frampton, *Santiago Calatrava* (1989)

«Los comentarios que se han escrito sobre la torre de la Telefónica (la torre de comunicaciones de Montjuïc, pagada por esta empresa para su uso propio) evitan hablar de la forma de su arquitectura. (...) En este caso, el grito de indignación de un determinado grupo de profesionales (una carta abierta-manifiesto que se envió a la prensa y al alcalde de Barcelona, oponiéndose a la construcción de la torre, entre cuyos firmantes figuran por ejemplo gente como Gae Aulenti, Carlo Aymonino, Oriol Bohigas, Esteve Bonell, Vittorio Gregotti, Álvaro Siza, James Stirling y otros) lo ha provocado su escasa participación en los planteamientos del pensamiento moderno, y su voluntad claramente acultural. El origen de su forma molesta, porque molesta a los que creen todavía en la arquitectura moderna, que busca "el que cal fer en cada lloc i moment", sin hurgar miméticamente en las arcas del pasado. El origen anatómico y vegetal de algunas arquitecturas es una tentación en la que ya han caído muchos arquitectos e ingenieros. (...) Pero con resultados dudosos cuando estas formas anatómicas se transforman en feroces metáforas cínicas y exterminadoras de la propia arquitectura. Cuando devienen mimesis banal.»

Beth Galí, *Una arquitectura banal* (1992)

«Santiago Calatrava es admirado y querido por los valencianos y por los españoles y, pese a su juventud, se ha convertido en un clásico de la arquitectura y la ingeniería contemporáneas, reconocido y respetado. Los valencianos tenemos una vena moderna que destaca incluso por encima o a través de la modernización general de nuestra sociedad. Calatrava forma parte, como muchos otros, de esa vena vanguardista, a la vez opulenta y ascética, que le consagra como uno de los arquitectos más comprometidos con la estética contemporánea.»

Joan Lerma, *Santiago Calatrava* (1993)

«En tan sólo diez años de ejercicio profesional, se confirma como una de las primeras figuras de la arquitectura mundial. Su meteórico ascenso constituye un fenómeno cuya inevitabilidad quisiera destacar.»

Félix Candela, *Santiago Calatrava* (1993)

«Es evidente que Calatrava pretende trabajar en muchos niveles diferentes, alternando los papeles de arquitecto, ingeniero y escultor. Las ventajas de ser las tres cosas al mismo tiempo son muchas. Muy pocos escultores tienen la oportunidad de crear una forma de la envergadura de una obra arquitectónica. El arquitecto tiene increíbles posibilidades dentro del marco disciplinar de la escultura y la ingeniería. Y las posibilidades del ingeniero se ven enormemente ampliadas si se consideran desde el punto de vista arquitectónico. Cada una de estas disciplinas posee su propia actitud, que puede ser compartida por las otras dos. Y así ocurre en la obra de Santiago Calatrava, una admirable fuerza creativa con un futuro prometedor.»

Darl Rastorfer, *Santiago Calatrava* (1993)

«La torre de Calatrava será el Excalibur que nos abrirá paso entre los atrincherados que la denigran como pata de pollo.»

Johann Grünstern, citado por Alberto T. Estévez, en
*De Gaudí a Calatrava: Sobre el bando perdedor.
Entre dos fines de siglo* (1996)

BIBLIOGRAFÍA

AVIZANDA, Francisco, y VELASCO, José Ramón: *Santiago Calatrava*, en del prog. de TV *Testigos del siglo XX*. Madrid, 1989.
BLASER, Werner; FRAMPTON, Kenneth, y NICOLIN, Pierluigi: *Santiago Calatrava*. Barcelona, 1989.
BUCHANAN, Peter; DAVEY, Peter; GLICKMAN, Michael, y otros: *Artful engineering: Santiago Calatrava's city structures* y *Town and Technology*, en *Architectural Review*, n.° 1112. Londres, 1989.
CALATRAVA, Santiago, y otros: *Santiago Calatrava*, en *Architecture Mouvement Continuite*, n.° 16. París, 1987.
CALATRAVA, Santiago; NICOLIN, Pierluigi, y MEILI, Marcel: *Il Folle volo*. Milán, 1987.
CATÁLOGO: *Santiago Calatrava, Exposición Antológica en La Lonja de Valencia*, Madrid, 1993.
ESTÉVEZ, Alberto Tomás: *De Gaudí a Calatrava: Sobre el bando perdedor. Entre dos fines de siglo*, en *D'Art*, n.° 22. Barcelona, 1996.
FERRIER, Jacques, y otros: *Le gout de l'ingenierie*, en *L'Architecture d'Aujourd'hui*, n.° 267. París, 1990.
FRAMPTON, Kenneth; WEBSTER, Anthony C., y TISCHHAUSER, Anthony: *Calatrava bridges*. Zurich-Munich-Londres, 1993.
GALÍ, Beth: *Una arquitectura banal*, en *La Vanguardia*. Barcelona, 20 de mayo, 1992.
HARBISON, Robert: *Creatures from the Mind of the Engineer: The architecture of Santiago Calatrava*. Zurich-Munich, 1992.
JODIDIO, Philip: *Santiago Calatrava*. Colonia, 1998.
MCQUAID, Matilda: *Santiago Calatrava: Structure & Expression*. Nueva York, 1993.
METZ, Trace: *Structural dynamics*, en *Architectural Record*, n.° 11. Nueva York, 1990.
MOIX, Llàtzer: *La ciudad de los arquitectos*, Barcelona, 1994.
MOLINARI, Luca: *Santiago Calatrava*. Milán, 1999.
POLANO, Sergio: *Santiago Calatrava*. Milán, 1996.
QUETGLAS, José: *Santiago Calatrava, obras y proyectos*, en *Arquitectura*, n.° 260. Madrid, 1986.
REDACCIÓN DE «EL PAÍS»: *58 intelectuales piden a Maragall que no se levante en Montjuïc la torre de Telefónica*. Barcelona, 2 de octubre, 1990.
REDACCIÓN DE «EL PAÍS»: *Los detractores de la torre de Calatrava reavivan sus críticas al ver su impacto*. Barcelona, 15 de noviembre, 1991.
REINHART, Fabio: *Declaración a favor de Santiago Calatrava*, en *Quaderns*, n.° 160. Barcelona, 1984.
SLESSOR, Catherine, y WEBSTER, Anthony C.: *The Calatrava effect* y *Utility, technology and expression*, en *Architectural Review*, n.° 1149. Londres, 1992.
VARIOS: *Santiago Calatrava*, en *Lotus*, n.° 47. Venecia, 1985.
VARIOS: *Santiago Calatrava*, en *ON*, n.° 82. Barcelona, 1987.
VARIOS: *Santiago Calatrava*, en *El Croquis*, n.° 38. Madrid, 1989.
VARIOS: *Santiago Calatrava*, en *El Croquis*, n.° 57, Madrid, 1992.
VAYSSIERE, Bruno Henri: *Santiago Calatrava*, en *Architecture Interieure Cree*, n.° 208, París, 1985.

ÍNDICE ALFABÉTICO DE OBRAS